佛說阿彌陀經

姚秦三藏法師鳩摩羅什譯

如是我聞一時佛在
舍衛國祇樹給孤獨
園與大比丘僧千二

百五十人俱皆是大
阿羅漢眾所知識長
老舍利弗摩訶目揵
連摩訶迦葉摩訶迦
旃延摩訶俱絺羅離

婆多周利槃陀伽難
陀阿難陀羅睺羅憍
梵波提賓頭盧頗羅
墮迦留陀夷摩訶劫
賓那薄拘羅阿㝹樓

馱如是等諸大弟子
并諸菩薩摩訶薩文
殊師利法王子阿逸
多菩薩乾陀訶提菩
薩常精進菩薩與如

是等諸大菩薩及釋
提桓因等無量諸天
大眾俱爾時佛告長
老舍利弗從是西方
過十萬億佛土有世

界名曰極樂其土有
佛號阿彌陀今現在
說法舍利弗彼土何
故名為極樂其國眾
生無有眾苦但受諸

樂故名極樂又舍利
弗極樂國土七重欄
楯七重羅網七重行
樹皆是四寶周帀圍
繞是故。彼國名為極

樂又舍利弗極樂國
土有七寶池八功德
水充滿其中池底純
以金沙布地四邊階
道金銀瑠璃玻瓈合

成上有樓閣亦以金
銀瑠璃玻瓈硨磲赤
珠碼碯而嚴飾之池
中蓮華大如車輪青
色青光黃色黃光赤

色赤光白色白光微
妙香潔舍利弗極樂
國土成就如是功德
莊嚴又舍利弗彼佛
國土常作天樂黃金

為地晝夜六時雨天
曼陀羅華其土眾生
常以清旦各以衣祴
盛眾妙華供養他方
十萬億佛即以食時

還到本國飯食經行
舍利弗極樂國土成
就如是功德莊嚴復
次舍利弗彼國常有
種種奇妙雜色之鳥

白鶴孔雀鸚鵡舍利
迦陵頻伽共命之鳥
是諸衆鳥晝夜六時
出和雅音其音演暢
五根五力七菩提分

八聖道分如是等法
其土眾生聞是音已
皆悉念佛念法念僧
舍利弗汝勿謂此鳥
實是罪報所生所以

者何彼佛國土無三
惡道舍利弗其佛國
土尚無惡道之名何
況有實是諸眾鳥皆
是阿彌陀佛欲令法

音宣流變化所作舍
利弗彼佛國土微風
吹動諸寶行樹及寶
羅網出微妙音譬如
百千種樂同時俱作

聞是音者自然皆生
念佛念法念僧之心
舍利弗其佛國土成
就如是功德莊嚴舍
利弗於汝意云何彼

佛何故號阿彌陀舍
利弗彼佛光明無量
照十方國無所障礙
是故號為阿彌陀又
舍利弗彼佛壽命及

其人民無量無邊阿
僧祇劫故名阿彌陀
舍利弗阿彌陀佛成
佛已來於今十劫又
舍利弗彼佛有無量

無邊聲聞弟子皆阿
羅漢非是算數之所
能知諸菩薩衆亦復
如是舍利弗彼佛國
土成就如是功德莊

嚴又舍利弗極樂國土眾生生者皆是阿鞞跋致其中多有一生補處其數甚多非是算數所能知之但

可以無量無邊阿僧
祇說舍利弗眾生聞
者應當發願願生彼
國所以者何得與如
是諸上善人俱會一

處舍利弗不可以少
善根福德因緣得生
彼國舍利弗若有善
男子善女人聞說阿
彌陀佛執持名號若

一日若二日若三日
若四日若五日若六
日若七日一心不亂
其人臨命終時阿彌
陀佛與諸聖眾現在

其前是人終時心不
顛倒即得往生阿彌
陀佛極樂國土舍利
弗我見是利故說此
言若有眾生聞是說

者應當發願生彼國土舍利弗如我今者讚歎阿彌陀佛不可思議功德之利東方亦有阿閦鞞佛須彌

相佛大須彌佛須彌
光佛妙音佛如是等
恆河沙數諸佛各於
其國出廣長舌相徧
覆三千大千世界說

誠實言汝等眾生當
信是稱讚不可思議
功德一切諸佛所護
念經舍利弗南方世
界有日月燈佛名聞

光佛大燄肩佛須彌
燈佛無量精進佛如
是等恒河沙數諸佛
各於其國出廣長舌
相徧覆三千大千世

界說誠實言汝等眾
生當信是稱讚不可
思議功德一切諸佛
所護念經舍利弗西
方世界有無量壽佛

無量相佛無量幢佛
大光佛大明佛寶相
佛淨光佛如是等恆
河沙數諸佛各於其
國出廣長舌相徧覆

三千大千世界說誠
實言汝等眾生當信
是稱讚不可思議功
德一切諸佛所護念
經舍利弗北方世界

有燄肩佛最勝音佛
難沮佛日生佛網明
佛如是等恆河沙數
諸佛各於其國出廣
長舌相徧覆三千大

千世界說誠實言汝
等衆生當信是稱讚
不可思議功德一切
諸佛所護念經舍利
弗下方世界有師子

佛名聞佛名光佛達
摩佛法幢佛持法佛
如是等恒河沙數諸
佛各於其國出廣長
舌相徧覆三千大千

世界說誠實言汝等
眾生當信是稱讚不
可思議功德一切諸
佛所護念經舍利弗
上方世界有梵音佛

宿王佛香上佛香光
佛大燄肩佛雜色寶
華嚴身佛娑羅樹王
佛寶華德佛見一切
義佛如須彌山佛如

是等恆河沙數諸佛
各於其國出廣長舌
相徧覆三千大千世
界說誠實言汝等眾
生當信是稱讚不可

思議功德一切諸佛所護念經舍利弗於汝意云何何故名為一切諸佛所護念經舍利弗若有善男子

善女人聞是經受持者及聞諸佛名者是諸善男子善女人皆為一切諸佛之所護念皆得不退轉於阿

耨多羅三藐三菩提
是故舍利弗汝等皆
當信受我語及諸佛
所說舍利弗若有人
已發願今發願當發

願欲生阿彌陀佛國
者是諸人等皆得不
退轉於阿耨多羅三
藐三菩提於彼國土
若已生若今生若當

生是故舍利弗諸善男子善女人若有信者應當發願生彼國土舍利弗如我今者稱讚諸佛不可思議

功德彼諸佛等亦稱讚我不可思議功德而作是言釋迦牟尼佛能為甚難希有之事能於娑婆國土五

濁惡世劫濁見濁煩
惱濁眾生濁命濁中
得阿耨多羅三藐三
菩提為諸眾生說是
一切世間難信之法

舍利弗當知我於五
濁惡世行此難事得
阿耨多羅三藐三菩
提為一切世間說此
難信之法是為甚難

佛說此經已舍利弗

及諸比丘一切世間

天人阿修羅等聞佛

所說歡喜信受作禮

而去

佛說阿彌陀經

二十五年龍集丙子養病
古浪日光別院敬書是經
呈奉日光常住以為記念
惠安大華嚴寺沙門一音

妙法蓮華經
觀世音菩薩普門品

姚秦三藏法師鳩摩羅什譯

尒時無盡意菩薩即
從坐起偏袒右肩合

掌向佛、而作是言世
尊觀世音菩薩以何
因緣、名觀世音佛告
無盡意菩薩善男子
若有無量百千万億

眾生、受諸苦惱。聞是
觀世音菩薩、一心稱
名。觀世音菩薩、即時
觀其音聲、皆得解脫。
若有持是觀世音菩

薩名者、設入大火、火
不能燒。由是菩薩威
神力故。若為大水所
漂、稱其名號、即得浅
處。若有百千万億眾

生、為求金銀琉璃硨磲碼碯珊瑚琥珀真珠等寶。入於大海。假使黑風吹其船舫。飄墮羅剎鬼國。其中若

有乃至一人、稱觀世音菩薩名者。是諸人等、皆得解脫羅刹之難。以是因緣、名觀世音。若復有人、臨當被

害、稱觀世音菩薩名
者。彼所執刀杖、尋段
段壞、而得解脫。若三
千大千國土、滿中夜
叉羅剎、欲来惱人。聞

其稱觀世音菩薩名
者是諸惡鬼尚不能
以惡眼視之況復加
害設復有人若有罪
若無罪杻械枷鎖檢

繫其身、稱觀世音菩薩名者。皆悉斷壞、即得解脫。若三千大千國土、滿中怨賊。有一商主、將諸商人、齎持

重寶、經過險路，其中一人作是唱言，諸善男子。勿得恐怖。汝等應當一心稱觀世音菩薩名號。是菩薩能

以無畏、施於衆生。汝等若稱名者、於此怨賊、當得解脫。衆商人聞、俱發聲言。南無觀世音菩薩。稱其名故、

即得解脫。無盡意。觀
世音菩薩摩訶薩、威
神之力、巍巍如是。若
有衆生多於婬欲。常
念恭敬觀世音菩薩、

便得離欲。若多瞋恚。常念恭敬觀世音菩薩、便得離瞋。若多愚癡。常念恭敬觀世音菩薩、便得離癡。無盡

意。觀世音菩薩、有如
是等大威神力、多所
饒益。是故衆生常應
心念。若有女人、設欲
求男。礼拜供養觀世

音菩薩。便生福德智慧之男。設欲求女。便生端正有相之女。宿植德本。眾人愛敬。無盡意。觀世音菩薩。有

如是力。若有衆生恭敬礼拜觀世音菩薩、福不唐捐。是故衆生、皆應受持觀世音菩薩名號。無盡意。若有

人受持六十二億恆河沙菩薩名字、復盡形供養飲食衣服臥具醫藥。於汝意云何。是善男子、善女人、功

德多不。無盡意言。甚
多。世尊。佛言。若復有
人、受持觀世音菩薩
名號、乃至一時礼拜
供養。是二人福、正等

無異。於百千万億劫，不可窮盡。無盡意。受持觀世音菩薩名號，得如是無量無邊福德之利。無盡意菩薩

白佛言。世尊。觀世音
菩薩、云何遊此娑婆
世界。云何而為眾生
說法。方便之力、其事
云何。佛告無盡意菩

薩。善男子。若有國土眾生、應以佛身得度者。觀世音菩薩、即現佛身而為說法。應以辟支佛身得度者。即

現辟支佛身而為說
法。應以聲聞身得度
者。即現聲聞身而為
說法。應以梵王身得
度者。即現梵王身而

為說法。應以帝釋身
得度者。即現帝釋身
而為說法。應以自在
天身得度者。即現自在
天身而為說法。應

以大自在天身得度者。即現大自在天身而為說法。應以天大將軍身得度者。即現天大將軍身而為說

法。應以毘沙門身得度者，即現毘沙門身而為說法。應以小王身得度者。即現小王身而為說法。應以長

者身得度者。即現長者身而為說法。應以居士身得度者。即現居士身而為說法。應以宰官身得度者。即

現宰官身而為說法。應以婆羅門身得度者。即現婆羅門身而為說法。應以比丘、比丘尼、優婆塞、優婆夷

身得度者。即現比丘、比丘尼、優婆塞、優婆夷身而為說法。應以長者、居士、宰官、婆羅門婦女身得度者。即

現婦女身而為說法。應以童男、童女身得度者。即現童男、童女身而為說法。應以天、龍、夜叉、乾闥婆、阿修

羅、迦樓羅、緊那羅、摩
睺羅伽、人非人等身
得度者，即皆現之而
為說法。應以執金剛
神得度者，即現執金

剛神而為說法。無盡
意。是觀世音菩薩、成
就如是功德。以種種
形、遊諸國土、度脫眾
生。是故汝等、應當一

心供養觀世音菩薩。是觀世音菩薩摩訶薩，於怖畏急難之中，能施無畏。是故此娑婆世界，皆號之為施

無畏者。無盡意菩薩
白佛言。世尊。我今當
供養觀世音菩薩。即
解頸衆寶珠瓔珞、價
值百千兩金而以与

之。作是言。仁者受此
法施珍寶瓔珞。時觀
世音菩薩不肯受之。
無盡意復白觀世音
菩薩言。仁者愍我等

故受此瓔珞。尒時佛
告觀世音菩薩。當愍
此無盡意菩薩及四
衆。天、龍、夜、叉、乾闥婆、
阿修羅、迦樓羅、緊那

羅摩睺羅伽、人非人
等故。受是瓔珞。即時
觀世音菩薩、愍諸四
衆及於天龍人非人
等、受其瓔珞、分作二

分，一分奉釋迦牟尼佛、一分奉多寶佛塔，無盡意。觀世音菩薩有如是自在神力、遊於娑婆世界尒時無

盡意菩薩以偈問曰

世尊妙相具

我今重問彼

佛子何因緣

名為觀世音

具足妙相尊
偈答無盡意
汝聽觀音行
善應諸方所
弘誓深如海

歷劫不思議
侍多千億佛
發大清淨願
我為汝畧說
聞名及見身

心念不空過
能滅諸有苦
假使興害意
推落大火坑
念彼觀音力

火坑變成池
或漂流巨海
龍魚諸鬼難
念彼觀音力
波浪不能沒

或在須弥峯
為人所推墮
念彼觀音力
如日虚空住
或被惡人逐

墮落金剛山
念彼觀音力
不能損一毛
或值怨賊遶
各執刀加害

念彼觀音力
咸即起慈心
或遭王難苦
臨刑欲壽終
念彼觀音力

刀尋段段壞
或囚禁枷鎖
手足被杻械
念彼觀音力
釋然得解脫

咒詛諸毒藥
所欲害身者
念彼觀音力
還著於本人
或遇惡羅刹

毒龍諸鬼等
念彼觀音力
時悉不敢害
若惡獸圍繞
利牙爪可怖

念彼觀音力
疾走無邊方
蚖蛇及蝮蠍
氣毒煙火然
念彼觀音力

尋聲自回去
雲雷鼓掣電
降雹澍大雨
念彼觀音力
應時得消散

衆生被困厄
無量苦逼身
觀音妙智力
能救世间苦
具足神通力

廣修智方便
十方諸國土
無剎不現身
種種諸惡趣
地獄鬼畜生

生老病死苦
以漸悉令滅
真觀清淨觀
廣大智慧觀
悲觀及慈觀

常願常瞻仰
無垢清淨光
慧日破諸闇
能伏災風火
普明照世間

悲體戒雷震

慈意妙大雲

澍甘露法雨

滅除煩惱燄

諍訟經官處

怖畏軍陣中
念彼觀音力
眾怨悉退散
妙音觀世音
梵音海潮音

勝彼世間音
是故須常念
念念勿生疑
觀世音淨聖
於苦惱死厄

能為作依怙
具一切功德
慈眼視眾生
福聚海無量
是故應頂礼

尒時持地菩薩，即從坐起，前白佛言，世尊，若有衆生，聞是觀世音菩薩品自在之業，普門示現神通力者，

當知是人功德不少。佛說是普門品時。眾中八万四千眾生、皆發無等等阿耨多羅三藐三菩提心。

大佛頂如來密因修證了義諸菩薩萬行

首楞嚴經

了識法師受持讀誦

大勢至法王子與其同倫五十二菩薩即從座起頂礼佛足而白佛言我憶往昔恒河沙劫有佛出世名無量光十二如來相繼一劫其最後佛名超日月光彼佛教我念佛三昧譬如有人一專為憶一人專忘如是二人若逢不逢或見非見二人相憶二憶念深如是乃至從生至生同於形影不相乖異十方如

來憐念衆生如母憶子若子逃逝雖憶何為
子若憶母如母憶時母子歷生不相違遠若
衆生心憶佛念佛現前當來必定見佛去佛
不遠不假方便自得心開如染香人身有香
氣此則名曰香光莊嚴我本因地以念佛心
入無生忍今於此界攝念佛人歸於淨土佛
問圓通我無選擇都攝六根淨念相繼得三
摩地斯為第一

壬申臘月三十日 演音敬書

般若波羅蜜多心經

觀自在菩薩行深般若波
羅蜜多時照見五蘊皆空
度一切苦厄舍利子色不
異空空不異色色即是空
空即是色受想行識亦復
如是舍利子是诸法空相

不生不滅不垢不淨不增
不減是故空中無色無受
想行識無眼耳鼻舌身意
無色聲香味觸法無眼界
乃至無意識界無無明亦
無無明盡乃至無老死亦
無老死盡無苦集滅道無

智亦無得以無所得故菩
提薩埵依般若波羅蜜多
故心無罣礙無罣礙故無
有恐怖遠離顛倒夢想究
竟涅槃三世诸佛依般若
波羅蜜多故得阿耨多羅
三藐三菩提故知般若波

羅密多是大神呪是大明
呪是無上呪是無等等呪
能除一切苦真實不虛故
說般若波羅密多呪即說
呪曰揭諦揭諦波羅揭諦
波羅僧揭諦菩提薩婆訶

歲次癸酉賢賀平居士慈母謝世為寫心經一卷
冀業障消滅往生安養者尊勝院沙門善碩書

此咒置经书中　可灭误跨之罪

如是我闻。一时佛在舍卫国，祇树给孤独园。与大比丘僧，千二百五十人俱，皆是大阿罗汉，众所知识：长老舍利弗、摩诃目犍连、摩诃迦叶、摩诃迦旃延、摩诃俱希罗、离婆多、周利盘陀伽、难陀、阿难陀、罗睺罗、乔梵波提、宾头卢颇罗堕、迦留陀夷、摩诃劫宾那、薄拘罗、阿那楼驮，如是等诸大弟子。并诸菩萨摩诃萨：文殊师利法王子、阿逸多菩萨、乾陀诃提菩萨、常精进菩萨，与如是等诸大菩萨。及释提桓因等，无量诸天大众俱。

尔时，佛告长老舍利弗：“从是西方，过十万亿佛土有世界名曰极乐，其土有佛，号阿弥陀，今现在说法。”

“舍利弗，彼土何故名为极乐？其国众生，无有众苦，但受诸乐，故名极乐。”

“又舍利弗，极乐国土，七重栏楯，七重罗网，七重行树，皆是四宝，周匝围绕，是故彼国名为极乐。”

“又舍利弗，极乐国土，有七宝池，八功德水，充满其中，池底纯以金沙布地。四边阶道，金银、琉璃、玻璃合成。上有楼阁，亦以金银、琉璃、玻璃、砗磲、赤珠、玛瑙而严饰之。池中莲花大如车轮，青色、青光；

黄色、黄光；赤色、赤光；白色、白光，微妙香洁。”

“舍利弗，极乐国土，成就如是功德庄严。”

“又舍利弗。彼佛国土，常作天乐。黄金为地。昼夜六时，雨天曼陀罗华。其土众生，常以清旦，各以衣祴盛众妙华，供养他方十万亿佛，即以食时，还到本国，饭食经行。”

“舍利弗，极乐国土，成就如是功德庄严。”

复次舍利弗：“彼国常有种种奇妙杂色之鸟：白鹤、孔雀、鹦鹉、舍利、迦陵频伽、共命之鸟。是诸众鸟，昼夜六时，出和雅音。其音演畅五根、五力、七菩提分、八圣道分，如是等法。其土众生，闻是音已，皆悉念佛、念法、念僧。”

“舍利弗，汝勿谓此鸟，实是罪报所生，所以者何？彼佛国土，无三恶道。”

“舍利弗，其佛国土，尚无恶道之名，何况有实。是诸众鸟，皆是阿弥陀佛，欲令法音宣流，变化所作。”

“舍利弗，彼佛国土，微风吹动诸宝行树，及宝罗网，出微妙音，譬如百千种乐，同时俱作。闻是音者，自然皆生念佛、念法、念僧之心。”

“舍利弗，其佛国土，成就如是功德庄严。”

“舍利弗，于汝意云何？彼佛何故号阿弥陀？”

“舍利弗，彼佛光明无量，照十方国，

无所障碍，是故号为阿弥陀。”

“又舍利弗，彼佛寿命，及其人民，无量无边阿僧祇劫，故名阿弥陀。”

“舍利弗，阿弥陀佛成佛已来，于今十劫。”

“又舍利弗，彼佛有无量无边声闻弟子，皆阿罗汉，非是算数之所能知。诸菩萨众，亦复如是。”

“舍利弗,彼佛国土,成就如是功德庄严。”

“又舍利弗。极乐国土，众生生者，皆是阿鞞跋致，其中多有一生补处，其数甚多，非是算数所能知之，但可以无量无边阿僧祇说。”

“舍利弗，众生闻者，应当发愿，愿生彼

国，所以者何？得与如是诸上善人俱会一处。”

“舍利弗，不可以少善根福德因缘，得生彼国。”

“舍利弗，若有善男子善女人，闻说阿弥陀佛，执持名号，若一日、若二日，若三日，若四日，若五日，若六日，若七日，一心不乱，其人临命终时，阿弥陀佛，与诸圣众，现在其前。是人终时，心不颠倒，即得往生阿弥陀佛极乐国土。

“舍利弗，我见是利，故说此言。若有众生，闻是说者，应当发愿，生彼国土。”

“舍利弗，如我今者，赞叹阿弥陀佛，不可思议功德之利。东方亦有阿閦鞞佛、须

弥相佛、大须弥佛、须弥光佛、妙音佛，如是等恒河沙数诸佛，各于其国，出广长舌相，遍覆三千大千世界，说诚实言：汝等众生，当信是称赞不可思议功德一切诸佛所护念经。”

“舍利弗，南方世界有：日月灯佛、名闻光佛、大焰肩佛、须弥灯佛、无量精进佛，如是等恒河沙数诸佛，各于其国，出广长舌相，遍覆三千大千世界，说诚实言：汝等众生，当信是称赞不可思议功德一切诸佛所护念经。”

“舍利弗，西方世界，有：无量寿佛、无量相佛、无量幢佛、大光佛、大明佛、宝

相佛、净光佛，如是等恒河沙数诸佛，各于其国，出广长舌相，遍覆三千大千世界，说诚实言：汝等众生，当信是称赞不可思议功德一切诸佛所护念经。”

“舍利弗，北方世界，有：焰肩佛、最胜音佛、难沮佛、日生佛、网明佛，如是等恒河沙数诸佛，各于其国，出广长舌相，遍覆三千大千世界，说诚实言：汝等众生，当信是称赞不可思议功德一切诸佛所护念经。”

“舍利弗，下方世界，有：师子佛、名闻佛、名光佛、达摩佛、法幢佛、持法佛，如是等恒河沙数诸佛，各于其国，出广长舌相，遍覆三千大千世界，说诚实言：汝等众

生，当信是称赞不可思议功德一切诸佛所护念经。”

“舍利弗，上方世界，有：梵音佛、宿王佛、香上佛、香光佛、大焰肩佛、杂色宝华严身佛、娑罗树王佛、宝华德佛、见一切义佛、如须弥山佛，如是等恒河沙数诸佛，各于其国，出广长舌相，遍覆三千大千世界，说诚实言：汝等众生，当信是称赞不可思议功德一切诸佛所护念经。”

“舍利弗，于汝意云何？何故名为一切诸佛所护念经？”

“舍利弗，若有善男子、善女人，闻是经受持者，及闻诸佛名者，是诸善男子、善

女人，皆为一切诸佛之所护念，皆得不退转于阿耨多罗三藐三菩提。是故舍利弗，汝等皆当信受我语，及诸佛所说。”

“舍利弗，若有人已发愿、今发愿、当发愿，欲生阿弥陀佛国者，是诸人等，皆得不退转于阿耨多罗三藐三菩提，于彼国土，若已生、若今生、若当生。是故舍利弗，诸善男子、善女人，若有信者，应当发愿生彼国土。

舍利弗，如我今者，称赞诸佛不可思议功德，彼诸佛等，亦称赞我不可思议功德，而作是言：释迦牟尼佛能为甚难希有之事，能于娑婆国土，五浊恶世，劫浊、见浊、烦

恼浊、众生浊、命浊中，得阿耨多罗三藐三菩提。为诸众生，说是一切世间难信之法。”

“舍利弗，当知我于五浊恶世，行此难事，得阿耨多罗三藐三菩提，为一切世间说此难信之法，是为甚难。”

佛说此经已，舍利弗，及诸比丘，一切世间天人阿修罗等，闻佛所说，欢喜信受，作礼而去。

妙法莲华经　观世音菩萨普门品

姚秦三藏法师鸠摩罗什 译

尔时无尽意菩萨，即从坐起，偏袒右肩，合掌向佛，而作是言：“世尊，观世音菩萨以何因缘，名观世音？”

佛告无尽意菩萨：“善男子，若有无量百千万亿众生，受诸苦恼。闻是观世音菩萨，一心称名，观世音菩萨，即时观其音声，皆得解脱。若有持是观世音菩萨名者，设入大火，火不能烧。由是菩萨威神力故。若为大水所漂，称其名号，即得浅处。若有百千万亿众生，为求金、银、琉璃、砗磲、玛瑙、

珊瑚、琥珀、真珠等宝，入于大海，假使黑风吹其船舫，飘堕罗刹鬼国，其中若有乃至一人，称观世音菩萨名者。是诸人等，皆得解脱罗刹之难。以是因缘，名观世音。若复有人，临当被害，称观世音菩萨名者。彼所执刀杖，寻段段坏，而得解脱。若三千大千国土，满中夜叉、罗刹，欲来恼人，闻其称观世音菩萨名者，是诸恶鬼，尚不能以恶眼视之，况复加害；设复有人，若有罪、若无罪，杻械枷锁，检系其身，称观世音菩萨名者。皆悉断坏，即得解脱。若三千大千国土，满中怨贼。有一商主，将诸商人，赍持重宝，经过险路，其中一人，作是唱言：‘诸善男子，

勿得恐怖。汝等应当一心称观世音菩萨名号。是菩萨能以无畏施于众生。汝等若称名者，于此怨贼，当得解脱。’众商人闻，俱发声言：‘南无观世音菩萨’。称其名故，即得解脱。

“无尽意，观世音菩萨摩诃萨，威神之力，巍巍如是。若有众生多于淫欲，常念恭敬观世音菩萨，便得离欲；若多瞋恚，常念恭敬观世音菩萨，便得离瞋；若多愚痴，常念恭敬观世音菩萨，便得离痴。

“无尽意，观世音菩萨，有如是等大威神力，多所饶益，是故众生常应心念。若有女人，设欲求男，礼拜供养观世音菩萨，便生福德智慧之男；设欲求女，便生端正有相

之女，宿植德本，众人爱敬。无尽意，观世音菩萨有如是力。若有众生恭敬礼拜观世音菩萨，福不唐捐。是故众生，皆应受持观世音菩萨名号。无尽意，若有人受持六十二亿恒河沙菩萨名字，复尽形供养饮食、衣服、卧具、医药，于汝意云何？是善男子、善女人，功德多不？”

无尽意言：“甚多，世尊。”

佛言：“若复有人受持观世音菩萨名号，乃至一时礼拜供养，是二人福，正等无异，于百千万亿劫，不可穷尽。无尽意，受持观世音菩萨名号，得如是无量无边福德之利。”

无尽意菩萨白佛言：“世尊，观世音菩萨，

云何游此娑婆世界？云何而为众生说法？方便之力，其事云何？”

佛告无尽意菩萨：“善男子，若有国土众生，应以佛身得度者，观世音菩萨，即现佛身而为说法；应以辟支佛身得度者，即现辟支佛身而为说法；应以声闻身得度者，即现声闻身而为说法；应以梵王身得度者，即现梵王身而为说法；应以帝释身得度者，即现帝释身而为说法；应以自在天身得度者，即现自在天身而为说法；应以大自在天身得度者，即现大自在天身而为说法；应以天大将军身得度者，即现天大将军身而为说法；应以毗沙门身得度者，即现毗沙门身而为说

法；应以小王身得度者，即现小王身而为说法；应以长者身得度者，即现长者身而为说法；应以居士身得度者，即现居士身而为说法；应以宰官身得度者，即现宰官身而为说法；应以婆罗门身得度者，即现婆罗门身而为说法；应以比丘、比丘尼、优婆塞、优婆夷身得度者，即现比丘、比丘尼、优婆塞、优婆夷身而为说法；应以长者、居士、宰官、婆罗门妇女身得度者，即现妇女身而为说法；应以童男、童女身得度者，即现童男、童女身而为说法；应以天、龙、夜叉、乾闼婆、阿修罗、迦楼罗、紧那罗、摩睺罗伽、人非人等身得度者，即皆现之而为说法；应以执

金刚神得度者，即现执金刚神而为说法；无尽意，是观世音菩萨，成就如是功德，以种种形游诸国土，度脱众生，是故汝等，应当一心供养观世音菩萨。是观世音菩萨摩诃萨，于怖畏急难之中，能施无畏，是故此娑婆世界，皆号之为施无畏者。”

无尽意菩萨白佛言：“世尊，我今当供养观世音菩萨。”即解颈众宝珠璎珞，价值百千两金，而以与之。作是言：“仁者受此法施珍宝璎珞。”

时观世音菩萨，不肯受之。无尽意复白观世音菩萨言:“仁者,愍我等故,受此璎珞。”

尔时佛告观世音菩萨：“当愍此无尽意

菩萨及四众、天、龙、夜叉、乾闼婆、阿修罗、迦楼罗、紧那罗、摩睺罗伽、人非人等故，受是璎珞。”即时，观世音菩萨愍诸四众，及于天龙人非人等，受其璎珞，分作二分，一分奉释迦牟尼佛，一分奉多宝佛塔。“无尽意。观世音菩萨，有如是自在神力，游于娑婆世界。”

尔时，无尽意菩萨以偈问曰：

世尊妙相具，我今重问彼，
佛子何因缘，名为观世音？
具足妙相尊，偈答无尽意，
汝听观音行，善应诸方所。
弘誓深如海，历劫不思议，

侍多千亿佛，发大清净愿。

我为汝略说，闻名及见身，

心念不空过，能灭诸有苦。

假使兴害意，推落大火坑，

念彼观音力，火坑变成池。

或漂流巨海，龙鱼诸鬼难，

念彼观音力，波浪不能没。

或在须弥峰，为人所推堕，

念彼观音力，如日虚空住。

或被恶人逐，堕落金刚山，

念彼观音力，不能损一毛。

或值怨贼绕，各执刀加害，

念彼观音力，咸即起慈心。

或遭王难苦，临刑欲寿终，

念彼观音力，刀寻段段坏。

或囚禁枷锁，手足被杻械，

念彼观音力，释然得解脱。

咒诅诸毒药，所欲害身者，

念彼观音力，还著于本人。

或遇恶罗刹，毒龙诸鬼等，

念彼观音力，时悉不敢害。

若恶兽围绕，利牙爪可怖，

念彼观音力，疾走无边方。

蚖蛇及蝮蝎，气毒烟火然，

念彼观音力，寻声自回土。

云雷鼓掣电，降雹澍大雨，

念彼观音力，应时得消散。

众生被困厄，无量苦逼身，

观音妙智力，能救世间苦。

具足神通力，广修智方便，

十方诸国土，无刹不现身。

种种诸恶趣，地狱鬼畜生，

生老病死苦，以渐悉令灭。

真观清净观，广大智慧观，

悲观及慈观，常愿常瞻仰。

无垢清净光，慧日破诸暗，

能伏灾风火，普明照世间。

悲体戒雷震，慈意妙大云，

澍甘露法雨，灭除烦恼焰。

诤讼经官处，怖畏军阵中，

念彼观音力，众怨悉退散。

妙音观世音，梵音海潮音，

胜彼世间音，是故须常念。

念念勿生疑，观世音净圣，

于苦恼死厄，能为作依怙。

具一切功德，慈眼视众生，

福聚海无量，是故应顶礼。

尔时持地菩萨即从坐起，前白佛言："世尊，若有众生，闻是观世音菩萨品自在之业，普门示现神通力者，当知是人功德不少。"

佛说是普门品时，众中八万四千众生，皆发无等等阿耨多罗三藐三菩提心。

般若波罗蜜多心经

唐三藏法师玄奘 译

观自在菩萨，

行深般若波罗蜜多时，

照见五蕴皆空，度一切苦厄。

舍利子，

色不异空，空不异色，

色即是空，空即是色，

受想行识，亦复如是。

舍利子，

是诸法空相，不生不灭，

不垢不净，不增不减。

是故空中无色，无受想行识，

无眼耳鼻舌身意，无色声香味触法；

无眼界，乃至无意识界；

无无明，亦无无明尽，

乃至无老死，亦无老死尽；

无苦集灭道，无智亦无得，以无所得故，

菩提萨埵，依般若波罗蜜多故，

心无挂碍，无挂碍故，无有恐怖，

远离颠倒梦想，究竟涅槃。

三世诸佛，依般若波罗蜜多故，

得阿耨多罗三藐三菩提。

故知般若波罗蜜多，

是大神咒，是大明咒，是无上咒，

是无等等咒，能除一切苦，真实不虚。

故说般若波罗蜜多咒，

即说咒曰：

揭谛揭谛，波罗揭谛，

波罗僧揭谛，菩提萨婆诃。

金刚般若波罗蜜经

姚秦三藏法师鸠摩罗什 译

中国画报出版社 · 北京

第一品

法会因由分

如是我闻：一时，佛在舍卫国祇树给孤独园，与大比丘众千二百五十人俱。尔时，世尊食时，着衣持钵，入舍卫大城乞食。于其城中，次第乞已，还至本处。饭食讫，收衣钵，洗足已，敷座而坐。

第二品

善现启请分

时长老须菩提，在大众中，即从座起，偏袒右肩，右膝着地，合掌恭敬，而白佛言:“希有世尊！如来善护念诸菩萨，善付嘱诸菩萨。世尊！善男子，善女人，发阿耨多罗三藐三菩提心，云何应住？云何降伏其心？”

佛言:“善哉！善哉！须菩提！如汝所说，如来善护念诸菩萨，善付嘱诸菩萨。汝今谛听，当为汝说。善男子，善女人，发阿耨多罗三藐三菩提心，应如是住，如是降伏其心。”

“唯然，世尊！愿乐欲闻。”

第三品

大乘正宗分

佛告须菩提："诸菩萨摩诃萨，应如是降伏其心；所有一切众生之类，若卵生、若胎生、若湿生、若化生；若有色、若无色；若有想、若无想、若非有想非无想，我皆令入无余涅槃而灭度之。如是灭度无量无数无边众生，实无众生得灭度者。何以故？须菩提！若菩萨有我相、人相、众生相、寿者相，即非菩萨。"

第四品

妙行无住分

“复次，须菩提！菩萨于法，应无所住行于布施。所谓不住色布施，不住声香味触法布施。须菩提！菩萨应如是布施，不住于相。何以故？若菩萨不住相布施，其福德不可思量。须菩提！于意云何？东方虚空可思量不？”

“不也，世尊！”

“须菩提！南西北方四维上下虚空可思量不？”

“不也，世尊！”

“须菩提！菩萨无住相布施，福德亦复如是不可思量。须菩提！菩萨但应如所教住。”

第五品

如理实见分

“须菩提！于意云何？可以身相见如来不？”

“不也，世尊！不可以身相得见如来。何以故？如来所说身相，即非身相。”

佛告须菩提：“凡所有相，皆是虚妄。若见诸相非相，即见如来。”

第六品

正信希有分

须菩提白佛言：“世尊！颇有众生，得闻如是言说章句，生实信不？”

佛告须菩提：“莫作是说。如来灭后，后五百岁，有持戒修福者，于此章句，能生信心，以此为实。当知是人，不于一佛二佛三四五佛而种善根，已于无量千万佛所种诸善根，闻是章句，乃至一念生净信者，须菩提！如来悉知悉见，是诸众生，得如是无量福德。何以故？是诸众生，无复我相、人相、众生

相、寿者相。无法相，亦无非法相。何以故？是诸众生，若心取相，则为着我、人、众生、寿者。若取法相，即著我、人、众生、寿者。何以故？若取非法相，即着我、人、众生、寿者。是故不应取法，不应取非法。以是义故，如来常说，汝等比丘，知我说法，如筏喻者，法尚应舍，何况非法。”

第七品

无得无说分

“须菩提！于意云何？如来得阿耨多罗三藐三菩提耶？如来有所说法耶？”

须菩提言：“如我解佛所说义，无有定法。名阿耨多罗三藐三菩提，亦无有定法如来可说。何以故？如来所说法，皆不可取、不可说、非法、非非法。所以者何？一切贤圣皆以无为法而有差别。”

第八品

依法出生分

“须菩提！于意云何？若人满三千大千世界七宝以用布施，是人所得福德，宁为多不？”

须菩提言：“甚多，世尊！何以故？是福德即非福德性，是故如来说福德多。”

“若复有人，于此经中受持，乃至四句偈等，为他人说，其福胜彼。何以故？须菩提！一切诸佛及诸佛阿耨多罗三藐三菩提法，皆从此经出。须菩提！所谓佛法者，即非佛法。”

第九品

一相无相分

“须菩提！于意云何？须陀洹能作是念，我得须陀洹果不？”

须菩提言：“不也，世尊！何以故？须陀洹名为入流，而无所入，不入色声香味触法，是名须陀洹。”

“须菩提！于意云何？斯陀含能作是念，我得斯陀含果不？”

须菩提言：“不也，世尊！何以故？斯陀含名一往来，而实无往来，是名斯陀含。”

“须菩提！于意云何？阿那含能作是念，我得阿那含果不？”

须菩提言：“不也，世尊！何以故？阿那含名为不来，而实无不来，是故名阿那含。”

“须菩提！于意云何？阿罗汉能作是念，我得阿罗汉道不？”

须菩提言：“不也，世尊！何以故？实无有法名阿罗汉。世尊！若阿罗汉作是念，我得阿罗汉道，即为着我、人、众生、寿者。世尊！佛说我得无诤三昧，人中最为第一，是第一离欲阿罗汉。世尊！我不作是念，我是离欲阿罗汉。世尊！我若作是念，我得阿罗汉道，世尊则不说须菩提是乐阿兰那行者，以须菩提实无所行，而名须菩提是乐阿兰那行。”

第十品

庄严净土分

佛告须菩提："于意云何？如来昔在然灯佛所，于法有所得不？"

"不也，世尊！如来在然灯佛所，于法实无所得。"

"须菩提！于意云何？菩萨庄严佛土不？"

"不也，世尊！何以故？庄严佛土者，即非庄严，是名庄严。"

"是故须菩提，诸菩萨摩诃萨应如是生清净心，不应住色生心，不应住声香味触法

生心，应无所住而生其心。须菩提！譬如有人，身如须弥山王，于意云何？是身为大不？”

须菩提言：“甚大！世尊！何以故？佛说非身，是名大身。”

第十一品

无为福胜分

“须菩提！如恒河中所有沙数，如是沙等恒河，于意云何？是诸恒河沙宁为多不？”须菩提言：“甚多，世尊！但诸恒河尚多无数，何况其沙！”

“须菩提！我今实言告汝，若有善男子、善女人，以七宝满尔所恒河沙数三千大千世界，以用布施，得福多不？”须菩提言：“甚多，世尊！”

佛告须菩提：“若善男子、善女人于此经中，乃至受持四句偈等，为他人说，而此福德胜前福德。”

第十二品

尊重正教分

“复次，须菩提！随说是经，乃至四句偈等，当知此处，一切世间天人阿修罗，皆应供养，如佛塔庙，何况有人尽能受持读诵。须菩提！当知是人成就最上第一希有之法。若是经典所在之处，即为有佛，若尊重弟子。”

第十三品

如法受持分

尔时，须菩提白佛言：“世尊！当何名此经？我等云何奉持？”

佛告须菩提：“是经名为《金刚般若波罗蜜》，以是名字，汝当奉持。所以者何？须菩提！佛说般若波罗蜜，即非般若波罗蜜，是名般若波罗蜜。须菩提！于意云何？如来有所说法不？”

须菩提白佛言：“世尊！如来无所说。”

“须菩提！于意云何？三千大千世界所有微尘是为多不？”

须菩提言：“甚多，世尊！”

“须菩提！诸微尘，如来说非微尘，是名微尘；如来说世界，非世界，是名世界。须菩提！于意云何？可以三十二相见如来不？”

“不也，世尊！不可以三十二相得见如来。何以故？如来说三十二相，即是非相，是名三十二相。”“须菩提！若有善男子、善女人以恒河沙等身命布施，若复有人，于此经中，乃至受持四句偈等，为他人说，其福甚多！”

第十四品

离相寂灭分

尔时，须菩提闻说是经，深解义趣，涕泪悲泣。而白佛言：“希有，世尊！佛说如是甚深经典，我从昔来所得慧眼，未曾得闻如是之经。世尊！若复有人得闻是经，信心清净，则生实相，当知是人成就第一希有功德。世尊！是实相者，即是非相，是故如来说名实相。世尊！我今得闻如是经典，信解受持，不足为难。若当来世，后五百岁，其有众生，得闻是经，信解受持，是人则为第一希有。

何以故？此人无我相、无人相、无众生相、无寿者相。所以者何？我相即是非相，人相众生相、寿者相即是非相。何以故？离一切诸相，即名诸佛。”

佛告须菩提：“如是如是！若复有人，得闻是经，不惊、不怖、不畏，当知是人，甚为希有。何以故？须菩提！如来说第一波罗蜜，即非第一波罗蜜，是名第一波罗蜜。须菩提！忍辱波罗蜜，如来说非忍辱波罗蜜，是名忍辱波罗蜜。何以故？须菩提！如我昔为歌利王割截身体，我于尔时无我相、无人相、无众生相、无寿者相。何以故？我于往昔节节支解时，若有我相、人相、众生相、寿者相，

应生瞋恨。须菩提！又念过去于五百世作忍辱仙人，于尔所世无我相、无人相、无众生相、无寿者相。

“是故须菩提！菩萨应离一切相，发阿耨多罗三藐三菩提心，不应住色生心，不应住声香味触法生心，应生无所住心，若心有住，即为非住。是故佛说菩萨心，不应住色布施。须菩提！菩萨为利益一切众生故，应如是布施。如来说一切诸相即是非相，又说一切众生即非众生。须菩提！如来是真语者、实语者、如语者、不诳语者、不异语者。须菩提！如来所得法，此法无实无虚。须菩提！若菩萨心住于法而行布施，如人入暗，则无所见；

若菩萨心不住法而行布施，如人有目，日光明照，见种种色。须菩提！当来之世，若有善男子、善女人能于此经受持读诵，即为如来以佛智慧，悉知是人，悉见是人，皆得成就无量无边功德。”

第十五品

持经功德分

“须菩提！若有善男子、善女人，初日分以恒河沙等身布施，中日分复以恒河沙等身布施，后日分亦以恒河沙等身布施，如是无量百千万亿劫，以身布施。若复有人闻此经典，信心不逆，其福胜彼；何况书写、受持、读诵，为人解说。须菩提！以要言之，是经有不可思议，不可称量，无边功德。如来为发大乘者说，为发最上乘者说。若有人能受持读诵，广为人说，如来悉知是人，悉

见是人，皆得成就不可量，不可称，无有边，不可思议功德。如是人等，则为荷担如来阿耨多罗三藐三菩提。何以故？须菩提！若乐小法者，着我见、人见、众生见、寿者见，则于此经不能听受读诵、为人解说。须菩提！在在处处若有此经，一切世间天、人、阿修罗，所应供养，当知此处即为是塔，皆应恭敬，作礼围饶，以诸华香而散其处。”

第十六品

能净业障分

“复次，须菩提！善男子、善女人，受持读诵此经，若为人轻贱，是人先世罪业应堕恶道，以今世人轻贱故，先世罪业则为消灭，当得阿耨多罗三藐三菩提。须菩提！我念过去无量阿僧祇劫于然灯佛前，得值八百四千万亿那由他诸佛，悉皆供养承事，无空过者；若复有人于后末世，能受持读诵此经，所得功德，于我所供养诸佛功德，百分不及一，千万亿分，乃至算数譬喻所不能

及。须菩提！若善男子、善女人，于后末世有受持读诵此经，所得功德，我若具说者，或有人闻，心即狂乱，狐疑不信。须菩提！当知是经义不可思议，果报亦不可思议。”

第十七品

究竟无我分

尔时，须菩提白佛言：“世尊！善男子、善女人发阿耨多罗三藐三菩提心，云何应住？云何降伏其心？”

佛告须菩提：“善男子、善女人发阿耨多罗三藐三菩提心者，当生如是心：‘我应灭度一切众生，灭度一切众生已，而无有一众生实灭度者。’何以故？须菩提！若菩萨有我相、人相、众生相、寿者相，则非菩萨。所以者何？须菩提！实无有法发阿耨多罗三藐三菩提心者。须菩提！于意云何？如来于

然灯佛所，有法得阿耨多罗三藐三菩提不？”

“不也，世尊！如我解佛所说义，佛于然灯佛所，无有法得阿耨多罗三藐三菩提。”

佛言：“如是！如是！须菩提！实无有法，如来得阿耨多罗三藐三菩提。须菩提！若有法如来得阿耨多罗三藐三菩提者，然灯佛则不与我授记：‘汝于来世当得作佛，号释迦牟尼。’以实无有法得阿耨多罗三藐三菩提，是故然灯佛与我授记，作是言：‘汝于来世当得作佛，号释迦牟尼。’何以故？如来者，即诸法如义。若有人言：‘如来得阿耨多罗三藐三菩提。’须菩提！实无有法，佛得阿耨多罗三藐三菩提。须菩提！如来所得阿耨多罗三藐三菩提，于是中无实无虚。是故如

来说，一切法皆是佛法。须菩提！所言一切法者，即非一切法，是故名一切法。”

“须菩提！譬如人身长大。”

须菩提言：“世尊！如来说人身长大，即为非大身，是名大身。”

“须菩提！菩萨亦如是，若作是言：‘我当灭度无量众生’，则不名菩萨。何以故？须菩提！实无有法名为菩萨；是故佛说一切法无我、无人、无众生、无寿者。须菩提！若菩萨作是言：‘我当庄严佛土’，是不名菩萨。何以故？如来说庄严佛土者，即非庄严，是名庄严。须菩提！若菩萨通达无我法者，如来说名真是菩萨。”

第十八品

一体同观分

“须菩提！于意云何？如来有肉眼不？”

“如是，世尊！如来有肉眼。”

“须菩提！于意云何？如来有天眼不？”

“如是，世尊！如来有天眼。”

“须菩提！于意云何？如来有慧眼不？”

“如是，世尊！如来有慧眼。”

“须菩提！于意云何？如来有法眼不？”

“如是，世尊！如来有法眼。”

“须菩提！于意云何？如来有佛眼不？”

"如是，世尊！如来有佛眼。"

"须菩提！于意云何？如恒河中所有沙，佛说是沙不？"

"如是，世尊！如来说是沙。"

"须菩提！于意云何？如一恒河中所有沙，有如是沙等恒河，是诸恒河所有沙数佛世界如是，宁为多不？"

"甚多，世尊！"

佛告须菩提："尔所国土中，所有众生若干种心，如来悉知。何以故？如来说诸心，皆为非心，是名为心。所以者何？须菩提！过去心不可得，现在心不可得，未来心不可得。"

第十九品

法界通化分

“须菩提！于意云何？若有人满三千大千世界七宝以用布施，是人以是因缘，得福多不？”

“如是，世尊！此人以是因缘，得福甚多。”

“须菩提！若福德有实，如来不说得福德多；以福德无故，如来说得福德多。”

第二十品

离色离相分

“须菩提！于意云何？佛可以具足色身见不？”

“不也，世尊！如来不应以具足色身见，何以故？如来说具足色身，即非具足色身，是名具足色身。”

“须菩提！于意云何？如来可以具足诸相见不？”

“不也，世尊！如来不应以具足诸相见。何以故？如来说诸相具足，即非具足，是名诸相具足。”

第二十一品

非说所说分

“须菩提！汝勿谓如来作是念：‘我当有所说法。’莫作是念，何以故？若人言如来有所说法，即为谤佛，不能解我所说故。须菩提！说法者，无法可说，是名说法。”

尔时，慧命须菩提白佛言：“世尊！颇有众生，于未来世，闻说是法，生信心不？”

佛言：“须菩提！彼非众生，非不众生，何以故？须菩提！众生众生者，如来说非众生，是名众生。”

第二十二品

无法可得分

须菩提白佛言："世尊！佛得阿耨多罗三藐三菩提，为无所得耶！"

佛言："如是如是！须菩提！我于阿耨多罗三藐三菩提，乃至无有少法可得，是名阿耨多罗三藐三菩提。"

第二十三品

净心行善分

“复次，须菩提！是法平等，无有高下，是名阿耨多罗三藐三菩提。以无我、无人、无众生、无寿者，修一切善法，即得阿耨多罗三藐三菩提。须菩提！所言善法者，如来说即非善法，是名善法。”

第二十四品

福智无比分

“须菩提！若三千大千世界中所有诸须弥山王，如是等七宝聚，有人持用布施；若人以此《般若波罗蜜经》，乃至四句偈等，受持读诵，为他人说，于前福德百分不及一，百千万亿分，乃至算数譬喻所不能及。”

第二十五品

化无所化分

“须菩提！于意云何？汝等勿谓如来作是念：‘我当度众生。’须菩提！莫作是念。何以故？实无有众生，如来度者，若有众生，如来度者，如来即有我、人、众生、寿者。须菩提！如来说有我者，即非有我，而凡夫之人，以为有我。须菩提！凡夫者，如来说即非凡夫，是名凡夫。”

第二十六品

法身非相分

“须菩提！于意云何？可以三十二相观如来不？”

须菩提言：“如是如是！以三十二相观如来。”

佛言：“须菩提！若以三十二相观如来者，转轮圣王即是如来。”须菩提白佛言：“世尊！如我解佛所说义，不应以三十二相观如来。”

尔时，世尊而说偈言：“若以色见我，以音声求我；是人行邪道，不能见如来。”

第二十七品

无断无灭分

“须菩提！汝若作是念：‘如来不以具足相故，得阿耨多罗三藐三菩提。’须菩提！莫作是念：‘如来不以具足相故，得阿耨多罗三藐三菩提。’须菩提！汝若作是念：‘发阿耨多罗三藐三菩提心者，说诸法断灭。’莫作是念。何以故？发阿耨多罗三藐三菩提心者，于法不说断灭相。”

第二十八品

不受不贪分

“须菩提！若菩萨以满恒河沙等世界七宝持用布施，若复有人，知一切法无我，得成于忍，此菩萨胜前菩萨所得功德。何以故？须菩提！以诸菩萨不受福德故。”

须菩提白佛言：“世尊！云何菩萨不受福德？”

“须菩提！菩萨所作福德，不应贪着，是故说不受福德。”

第二十九品

威仪寂静分

“须菩提！若有人言：‘如来若来、若去、若坐、若卧’，是人不解我所说义。何以故？如来者，无所从来，亦无所去，故名如来。”

第三十品

一合理相分

“须菩提！若善男子、善女人，以三千大千世界碎为微尘，于意云何？是微尘众，宁为多不？”

须菩提言：“甚多，世尊！何以故？若是微尘众实有者，佛即不说是微尘众。所以者何？佛说微尘众，即非微尘众，是名微尘众。世尊！如来所说三千大千世界，即非世界，是名世界。何以故？若世界实有者，即是一合相，如来说一合相，即非一合相，是名一合相。”

“须菩提！一合相者，即是不可说，但凡夫之人贪着其事。”

第三十一品

知见不生分

“须菩提！若人言：‘佛说我见、人见、众生见、寿者见。’须菩提！于意云何？是人解我所说义不？”

“不也，世尊！是人不解如来所说义。何以故？世尊说我见、人见、众生见、寿者见，即非我见、人见、众生见、寿者见，是名我见、人见、众生见、寿者见。”

“须菩提！发阿耨多罗三藐三菩提心者，于一切法应如是知，如是见，如是信解，不生法相。须菩提！所言法相者，如来说即非法相，是名法相。”

第三十二品

应化非真分

“须菩提！若有人以满无量阿僧祇世界七宝，持用布施，若有善男子、善女人发菩提心者，持于此经，乃至四句偈等，受持读诵，为人演说，其福胜彼。云何为人演说？不取于相，如如不动。何以故？一切有为法，如梦幻泡影，如露亦如电，应作如是观。”

佛说是经已，长老须菩提及诸比丘、比丘尼、优婆塞、优婆夷，一切世间天人、阿修罗，闻佛所说，皆大欢喜，信受奉行。

ཡི་གེ་ཉི་ཤུ་རྩ་དྲུག་པ་འདི་དཔེ་ཆའི་ནང་དུ་བཞག་ན་དཔེ་ཆ་དེ་ཅི་འདྲར་
བགོམས་ཀྱང་ཉེས་པ་མི་འབྱུང་བར་འཇམ་དཔལ་རྩ་རྒྱུད་ལས་གསུངས་སོ།།

此咒置经书中　可灭误跨之罪

金剛般若波羅蜜經

姚秦三藏法師鳩摩羅什譯

如是我聞。一時佛在舍衛國祇樹給孤獨園。與大比丘衆千二

一百五十人俱。尒時世尊食時。著衣持鉢。入舍衛大城乞食。於其城中次第乞已。還至本處。飯食訖。收衣鉢。

洗足已。敷座而坐。
時長老須菩提。在大
眾中。即從座起。偏袒
右肩。右膝著地。合掌
恭敬。而白佛言。希有。

世尊。如来善護念諸
菩薩。善付嘱諸菩薩。
世尊。善男子、善女人、
發阿耨多羅三藐三
菩提心、云何應住。云

何降伏其心。佛言。善
哉善哉。須菩提。如汝
所說如来善護念諸
菩薩。善付囑諸菩薩。
汝今諦聽。當為汝說。

善男子、善女人、發阿耨多羅三藐三菩提心、應如是住。如是降伏其心。唯然世尊。願樂欲聞。

佛告須菩提。諸菩薩摩訶薩、應如是降伏其心。所有一切眾生之類。若卵生。若胎生。若濕生。若化生。若有

色。若無色。若有想。若
無想。若非有想非無
想。我皆令入無餘涅
槃而滅度之。如是滅
度無量無數無邊衆

生、實無眾生得滅度者。何以故。須菩提。若菩薩有我相人相眾生相壽者相、即非菩薩。

復次。須菩提。菩薩於法、應無所住、行於布施。所謂不住色布施不住聲香味觸法布施。須菩提。菩薩應如

是布施不住於相。何以故。若菩薩不住相布施。其福德不可思量。須菩提。於意云何東方虛空。可思量不

不也。世尊。須菩提。南
西北方四維上下虛
空。可思量不。不也。世
尊。須菩提。菩薩無住
相布施、福德亦復如

是不可思量。須菩提。菩薩但應如所教住」。須菩提。於意云何。可以身相見如來不。不也。世尊。不可以身相

得見如来。何以故。如来所説身相即非身相。佛告須菩提。凡所有相。皆是虚妄。若見諸相非相、即見如来。」

須菩提白佛言。世尊。頗有眾生、得聞如是言說章句、生實信不。佛告須菩提。莫作是說。如来滅後、後五百

歲。有持戒修福者。扵
此章句、能生信心、以
此為實。當知是人、不
於一佛二佛三四五
佛而種善根。已扵無

量千萬佛所種諸善
根。聞是章句、乃至一
念生淨信者。須菩提。
如來悉知悉見、是諸
眾生、得如是無量福

德。何以故。是諸眾生無復我相人相眾生相壽者相。無法相。亦無非法相。何以故。是諸眾生、若心取相、則

為著我人眾生壽者。若取法相、即著我人眾生壽者。何以故。若取非法相、即著我人眾生壽者。是故不應

取法、不應取非法。以是義故、如来常說、汝等比丘知我說法如筏喻者。法尚應捨、何況非法。

須菩提。於意云何。如来得阿耨多羅三藐三菩提耶。如来有所說法耶。須菩提言。如我解佛所說義。無有

定法名阿耨多羅三藐三菩提。亦無有定法如来可說。何以故。如来所說法、皆不可取。不可說。非法非非

法。所以者何。一切賢
聖皆以無為法而有
差別。
須菩提。於意云何。若
人滿三千大千世界

七寶、以用布施。是人所得福德、寧為多不須菩提言。甚多。世尊何以故。是福德、即非福德性、是故如来說

福德多。若復有人、於此經中、受持乃至四句偈等、為他人說。其福勝彼。何以故。須菩提。一切諸佛、及諸佛

阿耨多羅三藐三菩提法，皆從此經出。須菩提。所謂佛法者，即非佛法。

須菩提。於意云何。須

陀洹能作是念，我得
須陀洹果不。須菩提
言。不也。世尊。何以故。
須陀洹名為入流。而
無所入。不入色聲香

味觸法。是名須陀洹。

須菩提。於意云何。斯

陀含能作是念。我得

斯陀含果不。須菩提

言。不也。世尊。何以故。

斯陀含名一往來。而實無往來。是名斯陀含。須菩提。於意云何。阿那含能作是念、我得阿那含果不。須菩

提言。不也。世尊。何以故。阿那含名為不来。而實無不来。是故名阿那含。須菩提。於意云何。阿羅漢能作是

念、我得阿羅漢道不。須菩提言。不也。世尊。何以故。實無有法。名阿羅漢。世尊。若阿羅漢作是念、我得阿羅

漢道。即為著我人眾
生壽者。世尊。佛說我
得無諍三昧。人中最
為第一。是第一離欲
阿羅漢。世尊。我不作

是念、我是離欲阿羅漢。世尊。我若作是念、我得阿羅漢道。世尊則不說須菩提是樂阿蘭那行者。以須菩

提實無所行。而名須
菩提是樂阿蘭那行。
佛告須菩提。於意云
何。如来昔在然燈佛
所。於法有所得不。不

也。世尊。如来在然燈
佛所、於法實無所得。
須菩提。於意云何。菩
薩莊嚴佛土不。不也。
世尊。何以故。莊嚴佛

土、者、即非莊嚴。是名莊嚴。是故須菩提。諸菩薩摩訶薩、應如是生清淨心。不應住色生心。不應住聲香味

觸法生心。應無所住而生其心。須菩提。譬如有人。身如須彌山王。於意云何。是身為大不。須菩提言。甚大。

世尊。何以故。佛說非
身。是名大身。
須菩提。如恆河中所
有沙數。如是沙等恆
河。於意云何。是諸恆

河沙．寧為多不。須菩
提言。甚多。世尊。但諸
恆河尚多無數．何況
其沙。須菩提。我今實
言告汝。若有善男子．

善女人、以七寶滿爾所恒河沙數三千大千世界、以用布施。得福多不。須菩提言。甚多。世尊。佛告須菩提。

若善男子、善女人、於此经中、乃至受持四句偈等、為他人說。而此福德、勝前福德。復次。須菩提。隨說是

經。乃至四句偈等。當知此處。一切世間天人阿修羅。皆應供養。如佛塔廟。何況有人盡能受持讀誦。須菩

提。當知是人、成就最上第一希有之法。若是經典所在之處、即為有佛、若尊重弟子。」

尒時須菩提白佛言。

世尊。當何名此經。我等云何奉持。佛告須菩提。是經名為金剛般若波羅蜜。以是名字，汝當奉持。所以者

何。須菩提。佛說般若波羅蜜、即非般若波羅蜜、是名般若波羅蜜。須菩提。於意云何。如來有所說法不。須

菩提白佛言。世尊。如来無所說。須菩提。於意云何。三千大千世界所有微塵。是為多不。須菩提言。甚多。世

尊。須菩提。諸微塵如来説非微塵、是名微塵。如来説世界非世界、是名世界。須菩提。於意云何。可以三十

二相見如来不。不也。世尊。不可以三十二相得見如来。何以故。如来説三十二相即是非相、是名三十二

相。須菩提。若有善男子·善女人·以恒河沙等身命布施。若復有人·於此經中·乃至受持四句偈等·為他人

說。其福甚多。
尒時須菩提。聞說是
經。深解義趣。涕淚悲
泣。而白佛言。希有。世
尊。佛說如是甚深經

典。我從昔來所得慧
眼、未曾得聞如是之
經。世尊。若復有人得
聞是經。信心清淨。則
生實相。當知是人、成

就第一希有功德。世尊。是實相者即是非相。是故如来說名實相。世尊。我今得聞如是经典。信解受持。不

足為難。若當来世、後五百歲。其有眾生、得聞是經。信解受持。是人則為第一希有。何以故。此人無我相無

人相無眾生相無壽者相。所以者何。我相即是非相。人相眾生相壽者相即是非相。何以故。離一切諸相。

即名諸佛。佛告須菩提。如是如是。若復有人、得聞是經。不驚不怖不畏。當知是人、甚為希有。何以故。須菩

提。如来說第一波羅蜜，即非第一波羅蜜，是名第一波羅蜜。須菩提。忍辱波羅蜜，如来說非忍辱波羅蜜，

是名忍辱波羅蜜。何以故。須菩提。如我昔為歌利王割截身體。我於尒時、無我相無人相無眾生相無壽

者相。何以故。我於往昔節節支解時。若有我相人相眾生相壽者相、應生瞋恨。須菩提。又念過去、於五百

世作忍辱仙人。於尒
所世、無我相無人相
無衆生相無壽者相。
是故須菩提。菩薩應
離一切相、發阿耨多

羅三藐三菩提心。不應住色生心。不應住聲香味觸法生心。應生無所住心。若心有住、即為非住。是故佛

說菩薩心不應住色布施。須菩提。菩薩為利益一切衆生故，應如是布施。如来說一切諸相，即是非相。又

說一切眾生、即非眾生。須菩提。如來是真語者、實語者、如語者、不誑語者、不異語者。須菩提。如來所得法、

此法無實無虛。須菩提。若菩薩心住於法而行布施。如人入暗。則無所見。若菩薩心不住法而行布施。如

人有目、日光明照、見種種色。須菩提。當来之世。若有善男子、善女人、能於此经受持讀誦。則為如来以佛

智慧，悉知是人，悉見
是人，皆得成就無量
無邊功德。
須菩提，若有善男子，
善女人，初日分以恒

河沙等身布施。如是無量百千萬億劫、以身布施。若復有人、聞此經典、信心不逆。其福勝彼。何況書寫受

持讀誦，為人解說。須菩提。以要言之。是经有不可思議，不可稱量，無邊功德。如来為發大乘者說，為發最

上乘者說。若有人能受持讀誦、廣為人說。如来悉知是人、悉見是人、皆得成就不可量、不可稱、無有邊、不

可思議功德。如是人等、則為荷擔如來阿耨多羅三藐三菩提。何以故。須菩提。若樂小法者、著我見人見

眾生見壽者見。則於此經、不能聽受讀誦、為人解說。須菩提。在在處處、若有此經。一切世間天人阿修羅、

所應供養。當知此處，則為是塔。皆應恭敬，作禮圍繞，以諸華香而散其處。

復次。須菩提。善男子，

善女人、受持讀誦此經、若為人輕賤。是人先世罪業、應墮惡道。以今世人輕賤故、先世罪業則為消滅。當

得阿耨多羅三藐三
菩提。須菩提。我念過
去無量阿僧祇劫，於
然燈佛前，得值八百
四千萬億那由他諸

佛。悉皆供養承事、無空過者。若復有人、於後末世、能受持讀誦此經。所得功德、於我所供養諸佛功德、百

分不及一。千萬億分、乃至算數譬喻所不能及。須菩提。若善男子、善女人、於後末世、有受持讀誦此經、所

得功德。我若具説者、或有人聞、心即狂亂。狐疑不信。須菩提。當知是经義不可思議、果報亦不可思議。

尒時須菩提白佛言。世尊。善男子、善女人、發阿耨多羅三藐三菩提心、云何應住。云何降伏其心。佛告須

菩提。善男子、善女人、
發阿耨多羅三藐三
菩提心者。當生如是
心、我應滅度一切衆
生、滅度一切衆生已、

而無有一衆生實滅
度者。何以故。須菩提。
若菩薩有我相人相
衆生相壽者相．則非
菩薩。所以者何。須菩

提。實無有法發阿耨多羅三藐三菩提心者。須菩提。於意云何。如来於然燈佛所、有法得阿耨多羅三藐

三菩提不。不也。世尊。如我解佛所說義。佛扵然燈佛所、無有法淂阿耨多羅三藐三菩提。佛言。如是如是。

須菩提。實無有法如
来得阿耨多羅三藐
三菩提。須菩提。若有
法如来得阿耨多羅
三藐三菩提者。然燈

佛則不與我授記。汝於来世，當得作佛，號釋迦牟尼。以實無有法得阿耨多羅三藐三菩提，是故然燈佛

與我授記。作是言。汝扵来世、當淂作佛、號釋迦牟尼。何以故。如来者、即諸法如義。若有人言。如来淂阿耨

多羅三藐三菩提。須菩提。實無有法、佛得阿耨多羅三藐三菩提。須菩提。如来所得阿耨多羅三藐三菩

提、於是中無實無虛。是故如來說一切法皆是佛法。須菩提。所言一切法者、即非一切法、是故名一切法。

須菩提。譬如人身長大。須菩提言。世尊。如來說人身長大、即為非大身、是名大身。須菩提。菩薩亦如是。若

作是言。我當滅度無量眾生。則不名菩薩。何以故。須菩提。實無有法名為菩薩。是故佛說一切法無我無

人無眾生無壽者。須菩提。若菩薩作是言。我當莊嚴佛土。是不名菩薩。何以故。如來說莊嚴佛土者。即非

莊嚴、是名莊嚴。須菩提。若菩薩通達無我法者。如來說名真是菩薩。

須菩提、於意云何。如

来有肉眼不。如是。世尊。如来有肉眼。須菩提。於意云何。如来有天眼不。如是。世尊。如来有天眼。須菩提。於

意云何。如来有慧眼不。如是。世尊。如来有慧眼。須菩提。於意云何。如来有法眼不。如是。世尊。如来有法眼。

須菩提。扵意云何。如
来有佛眼不。如是。世
尊。如来有佛眼。須菩
提。於意云何。如恒河
中所有沙。佛説是沙

不。如是。世尊。如来說
是沙。須菩提。於意云
何。如一恒河中所有
沙、有如是沙等恒河、
是諸恒河所有沙數、

佛世界如是。寧為多不。甚多。世尊。佛告須菩提。尒所國土中、所有眾生、若干種心。如来悉知。何以故。如来

說諸心、皆為非心、是名為心。所以者何。須菩提。過去心不可得。現在心不可得。未来心不可得。

須菩提。於意云何。若有人滿三千大千世界七寶、以用布施。是人以是因緣、得福多不。如是。世尊。此人以

是因缘，得福甚多。須菩提。若福德有實，如来不說得福德多。以福德無故，如来說得福德多。

須菩提。於意云何。佛可以具足色身見不。不也。世尊。如来不應以具足色身見。何以故。如来說具足色身．

即非具足色身。是名具足色身。須菩提。於意云何。如来可以具足諸相見不。不也。世尊。如来不應以具足

諸相見。何以故。如来說諸相具足、即非具足、是名諸相具足。須菩提。汝勿謂如来作是念、我當有所說

法。莫作是念。何以故。若人言如来有所説法、即為謗佛。不能解我所説故。須菩提。説法者、無法可説、是名

說法。尒時慧命須菩
提白佛言。世尊。頗有
衆生、於未來世、聞說
是法、生信心不。佛言。
須菩提。彼非衆生、非

不眾生。何以故。須菩提。眾生眾生者。如來說非眾生、是名眾生。」須菩提白佛言。世尊。佛得阿耨多羅三藐

三菩提、為無所得耶。佛言。如是如是。須菩提。我於阿耨多羅三藐三菩提、乃至無有少法可得、是名阿耨

多羅三藐三菩提。復次。須菩提。是法平等。無有高下。是名阿耨多羅三藐三菩提。以無我無人無衆生

耨多羅三藐三菩提。
以無我無人無衆生
無壽者、修一切善法、
即得阿耨多羅三藐
三菩提。須菩提。所言

善法者。如来説即非
善法、是名善法。
須菩提、若三千大千
世界中所有諸須弥 五十五
山王、如是等七寶聚、

有人持用布施。若人以此般若波羅蜜经、乃至四句偈等、受持讀誦、為他人説。於前福德、百分不及一。百

千萬億分、乃至算數
譬喻所不能及。
須菩提。於意云何。汝
等勿謂如來作是念、五十六
我當度衆生。須菩提。

莫作是念。何以故。實無有眾生如来度者。若有眾生如来度者、如来即有我人眾生壽者。須菩提。如来説

有我者、即非有我。而凡夫之人、以為有我。須菩提。凡夫者、如来說即非凡夫、是名凡夫。

須菩提。於意云何。可以三十二相觀如来不。須菩提言。如是如是以三十二相觀如来。佛言。須菩提。若以

三十二相觀如来者，轉輪聖王即是如来。須菩提白佛言。世尊。如我解佛所說義。不應以三十二相觀如

来。尒時世尊而說偈言。

若以色見我

以音聲求我

是人行邪道

不能見如来」

須菩提。汝若作是念、
如来不以具足相故、
得阿耨多羅三藐三
菩提。須菩提。莫作是
念、如来不以具足相

故、得阿耨多羅三藐三菩提。須菩提。汝若作是念、發阿耨多羅三藐三菩提心者、說諸法斷滅。莫作是念。

何以故。發阿耨多羅
三藐三菩提心者、於
法不說斷滅相。
須菩提。若菩薩以滿
恒河沙等世界七寶、

持用布施。若復有人、知一切法無我、得成於忍。此菩薩勝前菩薩所得功德。何以故。須菩提。以諸菩薩不

受福德故。須菩提白佛言。世尊。云何菩薩不受福德。須菩提。菩薩所作福德不應貪著。是故說不受福德。

須菩提。若有人言、如来若来若去若坐若卧。是人不解我所說義。何以故。如来者、無所從来、亦無所去、故

名如来。須菩提。若善男子、善女人以三千大千世界碎為微塵。於意云何。是微塵衆、寧為多

不。須菩提言。甚多。世尊。何以故。若是微塵衆實有者、佛即不說是微塵衆。所以者何。佛說微塵衆、即非微

塵眾、是名微塵眾。世尊。如來所說三千大千世界、即非世界、是名世界。何以故。若世界實有者、即是一合

相。如來說一合相，即非一合相，是名一合相。須菩提。一合相者，即是不可說。但凡夫之人，貪著其事。

須菩提。若人言、佛說
我見人見眾生見壽
者見。須菩提。於意云
何。是人解我所說義
不。不也。世尊。是人不

解如來所說義、何以故。世尊說我見人見眾生見壽者見、即非我見人見眾生見壽者見、是名我見人見

眾生見壽者見、須菩提。發阿耨多羅三藐三菩提心者於一切法、應如是知、如是見、如是信解、不生法相。

須菩提。若有人以滿無量阿僧祇世界七寶、持用布施。若有善男子、善女人、發菩提心者。持於此經、乃至

四句偈等、受持讀誦、為人演說。其福勝彼。云何為人演說。不取於相、如如不動。何以故。

一切有爲法
如夢幻泡影
如露亦如電
應作如是觀
佛説是經已。長老須

菩提及諸比丘比丘尼、優婆塞優婆夷、一切世間天人阿修羅。聞佛所說、皆大歡喜。信受奉行。

药师琉璃光如来本愿功德经

大唐三藏法师玄奘奉诏 译

中国画报出版社 · 北京

李鴻梁敬繪

如是我闻：一时薄伽梵游化诸国，至广严城，住乐音树下。与大苾刍众八千人俱，菩萨摩诃萨三万六千，及国王、大臣、婆罗门、居士、天龙药叉、人非人等，无量大众，恭敬围绕，而为说法。

尔时，曼殊室利法王子，承佛威神，从座而起，偏袒一肩，右膝着地，向薄伽梵，曲躬合掌，白言："世尊！唯愿演说如是相类诸佛名号，及本大愿殊胜功德，令诸闻者业障消除，为欲利乐像法转时诸有情故。"

尔时，世尊赞曼殊室利童子言："善哉善哉！曼殊室利，汝以大悲劝请我说诸佛名号本愿功德，为拔业障所缠有情，利益安乐

像法转时诸有情故。汝今谛听，极善思惟，当为汝说。”曼殊室利言：“唯然！愿说，我等乐闻。”

佛告曼殊室利：“东方去此过十殑伽沙等佛土，有世界名净琉璃，佛号药师琉璃光如来、应正等觉、明行圆满、善逝、世间解、无上士、调御丈夫、天人师、佛、薄伽梵。

“曼殊室利，彼佛世尊药师琉璃光如来本行菩萨道时，发十二大愿，令诸有情，所求皆得。

“第一大愿：愿我来世得阿耨多罗三藐三菩提时，自身光明炽然，照曜无量无数无边世界，以三十二大丈夫相、八十随好，庄

严其身，令一切有情，如我无异。

“第二大愿：愿我来世得菩提时，身如琉璃，内外明彻，净无瑕秽，光明广大，功德巍巍，身善安住，焰网庄严，过于日月；幽冥众生，悉蒙开晓，随意所趣，作诸事业。

“第三大愿：愿我来世得菩提时，以无量无边智慧方便，令诸有情，皆得无尽所受用物，莫令众生有所乏少。

“第四大愿：愿我来世得菩提时，若诸有情行邪道者，悉令安住菩提道中；若行声闻独觉乘者，皆以大乘而安立之。

“第五大愿：愿我来世得菩提时，若有无量无边有情，于我法中修行梵行，一切皆

令得不缺戒，具三聚戒。设有毁犯，闻我名已，还得清净，不堕恶趣。

“第六大愿：愿我来世得菩提时，若诸有情，其身下劣，诸根不具，丑陋顽愚、盲聋喑哑、挛躄背偻、白癞癫狂种种病苦；闻我名已，一切皆得端正黠慧。诸根完具，无诸疾苦。

“第七大愿：愿我来世得菩提时，若诸有情，众病逼切，无救无归，无医无药，无亲无家，贫穷多苦，我之名号，一经其耳，众病悉除，身心安乐，家属资具，悉皆丰足，乃至证得无上菩提。

“第八大愿：愿我来世得菩提时，若有

女人，为女百恶之所逼恼，极生厌离，愿舍女身；闻我名已，一切皆得转女成男，具丈夫相，乃至证得无上菩提。

“第九大愿：愿我来世得菩提时，令诸有情，出魔羂网，解脱一切外道缠缚；若堕种种恶见稠林，皆当引摄置于正见，渐令修习诸菩萨行，速证无上正等菩提。

“第十大愿：愿我来世得菩提时，若诸有情，王法所录，绳缚鞭挞，系闭牢狱，或当刑戮，及余无量灾难陵辱，悲愁煎迫，身心受苦；若闻我名，以我福德威神力故，皆得解脱一切忧苦。

“第十一大愿：愿我来世得菩提时，若

诸有情，饥渴所恼，为求食故造诸恶业；得闻我名，专念受持，我当先以上妙饮食，饱足其身；后以法味，毕竟安乐而建立之。

“第十二大愿：愿我来世得菩提时，若诸有情，贫无衣服，蚊虻寒热，昼夜逼恼；若闻我名，专念受持，如其所好，即得种种上妙衣服，亦得一切宝庄严具，华鬘涂香，鼓乐众伎，随心所玩，皆令满足。

“曼殊室利！是为彼世尊药师琉璃光如来应正等觉，行菩萨道时，所发十二微妙上愿。

“复次，曼殊室利！彼世尊药师琉璃光如来行菩萨道时所发大愿，及彼佛土功德庄严，我若一劫，若一劫余，说不能尽。然彼佛土，

一向清净，无有女人，亦无恶趣，及苦音声。琉璃为地，金绳界道，城阙宫阁轩窗罗网，皆七宝成。亦如西方极乐世界功德庄严，等无差别。于其国中，有二菩萨摩诃萨：一名日光遍照，二名月光遍照，是彼无量无数菩萨众之上首，悉能持彼世尊药师琉璃光如来正法宝藏。是故，曼殊室利！诸有信心善男子、善女人等，应当愿生彼佛世界。”

尔时，世尊复告曼殊室利童子言：“曼殊室利！有诸众生不识善恶，唯怀贪吝，不知布施及施果报，愚痴无智，阙于信根，多聚财宝，勤加守护；见乞者来其心不喜，设不获已而行施时，如割身肉深生痛惜。复有

无量悭贪有情积集资财，于其自身尚不受用，何况能与父母妻子奴婢作使及来乞者？彼诸有情，从此命终，生饿鬼界或傍生趣。由昔人间，曾得暂闻药师琉璃光如来名故，今在恶趣，暂得忆念彼如来名，即于念时，从彼处没，还生人中。得宿命念，畏恶趣苦，不乐欲乐，好行惠施赞叹施者，一切所有悉无贪惜，渐次尚能以头目手足血肉身分施来求者，况余财物。

“复次，曼殊室利，若诸有情，虽于如来受诸学处，而破尸罗；有虽不破尸罗，而破轨则；有于尸罗、轨则，虽得不坏然毁正见；有虽不毁正见而弃多闻，于佛所说契经

深义不能解了；有虽多闻而增上慢，由增上慢覆蔽心故，自是非他嫌谤正法，为魔伴党。如是愚人自行邪见，复令无量俱胝有情堕大险坑。此诸有情，应于地狱、傍生、鬼趣流转无穷。若得闻此药师琉璃光如来名号，便舍恶行，修诸善法，不堕恶趣，设有不能舍诸恶行，修行善法，堕恶趣者，以彼如来本愿威力，令其现前暂闻名号，从彼命终，还生人趣，得正见精进善调意乐，便能舍家趣于非家，如来法中，受持学处无有毁犯；正见多闻，解甚深义，离增上慢，不谤正法，不为魔伴，渐次修行诸菩萨行，速得圆满。

“复次，曼殊室利！若诸有情，悭贪嫉妒，

自赞毁他，当堕三恶趣中，无量千岁受诸剧苦；受剧苦已，从彼命终，来生人间，作牛马驼驴，恒被鞭挞，饥渴逼恼；又常负重，随路而行。或得为人，生居下贱，作人奴婢，受他驱役，恒不自在。若昔人中，曾闻世尊药师琉璃光如来名号，由此善因，今复忆念，至心归依。以佛神力，众苦解脱，诸根聪利，智慧多闻，恒求胜法，常遇善友，永断魔羂，破无明㲉，竭烦恼河，解脱一切生老病死忧悲苦恼。

“复次，曼殊室利！若诸有情，好喜乖离，更相斗讼，恼乱自他，以身语意，造作增长种种恶业，展转常为不饶益事，互相谋害。告召山林树冢等神；杀诸众生，取其血

肉，祭祀药叉罗刹婆等；书怨人名，作其形像，以恶咒术而咒咀之；厌媚蛊道，咒起尸鬼，令断彼命，及坏其身。是诸有情，若得闻此药师琉璃光如来名号，彼诸恶事悉不能害。一切展转皆起慈心，利益安乐，无损恼意及嫌恨心；各各欢悦，于自所受生于喜足，不相侵陵，互为饶益。

“复次，曼殊室利！若有四众：苾刍、苾刍尼、邬波索迦、邬波斯迦，及余净信善男子、善女人等，有能受持八分斋戒，或经一年，或复三月，受持学处，以此善根，愿生西方极乐世界无量寿佛所，听闻正法而未定者。若闻世尊药师琉璃光如来名号，临命

终时，有八大菩萨，乘神通来，示其道路，即于彼界种种杂色众宝华中，自然化生。或有因此生于天上，虽生天中，而本善根亦未穷尽，不复更生诸余恶趣。天上寿尽，还生人间，或为轮王，统摄四洲，威德自在，安立无量百千有情于十善道；或生刹帝利、婆罗门、居士大家，多饶财宝，仓库盈溢，形相端严，眷属具足，聪明智慧，勇健威猛，如大力士。若是女人，得闻世尊药师琉璃光如来名号，至心受持，于后不复更受女身。”

尔时，曼殊室利童子白佛言：“世尊！我当誓于像法转时，以种种方便，令诸净信善男子、善女人等，得闻世尊药师琉璃光如

来名号，乃至睡中亦以佛名觉悟其耳。世尊！若于此经受持读诵，或复为他演说开示；若自书若教人书；恭敬尊重，以种种华香、涂香、末香、烧香、华鬘、璎珞、幡盖、伎乐，而为供养；以五色彩，作囊盛之；扫洒净处，敷设高座，而用安处。尔时，四大天王与其眷属，及余无量百千天众，皆诣其所供养守护。世尊！若此经宝流行之处，有能受持，以彼世尊药师琉璃光如来本愿功德，及闻名号，当知是处无复横死；亦复不为诸恶鬼神，夺其精气；设已夺者，还得如故，身心安乐。”

佛告曼殊室利：“如是！如是！如汝所说。曼殊室利！若有净信善男子、善女人等，

欲供养彼世尊药师琉璃光如来者，应先造立彼佛形像，敷清净座而安处之；散种种华，烧种种香，以种种幢幡庄严其处；七日七夜，受八分斋戒，食清净食，澡浴香洁，著新净衣，应生无垢浊心，无怒害心，于一切有情起利益安乐，慈悲喜舍平等之心，鼓乐歌赞，右绕佛像。复应念彼如来本愿功德，读诵此经，思惟其义，演说开示。随所乐愿，一切皆遂：求长寿得长寿，求富饶得富饶，求官位得官位，求男女得男女。若复有人，忽得恶梦，见诸恶相，或怪鸟来集，或于住处，百怪出现；此人若以众妙资具恭敬供养彼世尊药师琉璃光如来者，恶梦恶相，诸不吉祥，皆悉隐没，

不能为患。或有水火刀毒悬险恶象，狮子、虎、狼、熊罴、毒蛇、恶蝎、蜈蚣、蚰蜒、蚊虻等怖；若能至心忆念彼佛，恭敬供养，一切怖畏皆得解脱。若他国侵扰，盗贼反乱；忆念恭敬彼如来者，亦皆解脱。

“复次，曼殊室利！若有净信善男子、善女人等，乃至尽形不事余天，唯当一心归佛法僧，受持禁戒，若五戒、十戒、菩萨四百戒、苾刍二百五十戒、苾刍尼五百戒，于所受中或有毁犯，怖堕恶趣，若能专念彼佛名号，恭敬供养者，必定不受三恶趣生。或有女人，临当产时，受于极苦；若能至心称名礼赞，恭敬供养彼如来者，众苦皆除。

所生之子，身分具足，形色端正，见者欢喜，利根聪明，安隐少病，无有非人，夺其精气。”

尔时，世尊告阿难言：“如我称扬彼佛世尊药师琉璃光如来所有功德，此是诸佛甚深行处，难可解了，汝为信不？”阿难白言：“大德世尊！我于如来所说契经，不生疑惑；所以者何？一切如来身语意业无不清净。世尊！此日月轮可令堕落；妙高山王可使倾动，诸佛所言无有异也。世尊！有诸众生，信根不具，闻说诸佛甚深行处，作是思惟：云何但念药师琉璃光如来一佛名号，便获尔所功德胜利？由此不信，反生诽谤；彼于长夜，失大利乐，堕诸恶趣，流转无穷。”佛告阿难：“是诸

有情，若闻世尊药师琉璃光如来名号，至心受持，不生疑惑，堕恶趣者，无有是处。阿难！此是诸佛甚深所行，难可信解；汝今能受，当知皆是如来威力。阿难！一切声闻独觉及未登地诸菩萨等，皆悉不能如实信解；唯除一生所系菩萨。阿难！人身难得，于三宝中，信敬尊重亦难可得；得闻世尊药师琉璃光如来名号，复难于是。阿难！彼药师琉璃光如来无量菩萨行；无量善巧方便；无量广大愿；我若一劫，若一劫余而广说者，劫可速尽，彼佛行愿，善巧方便，无有尽也。”

尔时，众中有一菩萨摩诃萨，名曰救脱，即从座起，偏袒右肩，右膝着地，曲躬合掌

而白佛言："大德世尊！像法转时，有诸众生，为种种患之所困厄，长病羸瘦，不能饮食，喉唇干燥，见诸方暗，死相现前；父母、亲属、朋友、知识，啼泣围绕。然彼自身，卧在本处，见琰魔使，引其神识，至于琰魔法王之前；然诸有情，有俱生神，随其所作，若罪若福皆具书之，尽持授与琰魔法王。尔时，彼王推问其人，算计所作，随其罪福而处断之。时彼病人亲属知识，若能为彼归依世尊药师琉璃光如来，请诸众僧，转读此经，燃七层之灯，悬五色续命神幡，或有是处，彼识得还。如在梦中明了自见；或经七日，或二十一日，或三十五日，或四十九日，彼识还时，如从

梦觉，皆自忆知善不善业所得果报。由自证见业果报故，乃至命难，亦不造作诸恶之业。是故，净信善男子、善女人等，皆应受持药师琉璃光如来名号，随力所能恭敬供养。”

尔时，阿难问救脱菩萨曰：“善男子！应云何恭敬供养彼世尊药师琉璃光如来？续命幡灯，复云何造？”

救脱菩萨言：“大德！若有病人，欲脱病苦，当为其人，七日七夜，受持八分斋戒，应以饮食及余资具，随力所办，供养苾刍僧；昼夜六时，礼拜供养彼世尊药师琉璃光如来；读诵此经四十九遍；燃四十九灯；造彼如来形像七躯，一一像前各置七灯，一一灯

量大如车轮，乃至四十九日，光明不绝；造五色彩幡，长四十九搩手，应放杂类众生至四十九；可得过度危厄之难，不为诸横恶鬼所持。

“复次，阿难！若刹帝利灌顶王等，灾难起时，所谓人众疾疫难，他国侵逼难，自界叛逆难，星宿变怪难，日月薄蚀难，非时风雨难，过时不雨难。彼刹帝利灌顶王等，尔时应于一切有情起慈悲心，赦诸系闭；依前所说供养之法，供养彼世尊药师琉璃光如来。由此善根，及彼如来本愿力故，令其国界即得安隐：风雨顺时，谷稼成熟；一切有情无病欢乐；于其国中，无有暴恶药叉等神

恼有情者；一切恶相，皆即隐没；而刹帝利灌顶王等，寿命色力，无病自在，皆得增益。阿难！若帝后、妃主、储君、王子、大臣、辅相、中宫彩女、百官、黎庶，为病所苦，及余厄难，亦应造立五色神幡，燃灯续明，放诸生命，散杂色华，烧众名香，病得除愈，众难解脱。”

尔时，阿难问救脱菩萨言：“善男子！云何已尽之命而可增益？”救脱菩萨言：“大德！汝岂不闻如来说有九横死耶？是故劝造续命幡灯，修诸福德；以修福故，尽其寿命，不经苦患。”阿难问言：“九横云何？”救脱菩萨言：“若诸有情，得病虽轻，然无医

药及看病者，设复遇医，授以非药，实不应死而便横死。又信世间邪魔、外道、妖孽之师，妄说祸福，便生恐动，心不自正，卜问觅祸，杀种种众生，解奏神明，呼诸魍魉，请乞福祐，欲冀延年，终不能得；愚痴迷惑，信邪倒见，遂令横死，入于地狱，无有出期，是名初横。二者，横被王法之所诛戮。三者，畋猎嬉戏，耽淫嗜酒，放逸无度，横为非人夺其精气。四者，横为火焚。五者，横为水溺。六者，横为种种恶兽所啖。七者，横堕山崖。八者，横为毒药，厌祷咒咀起尸鬼等之所中害。九者，饥渴所困，不得饮食而便横死。是为如来略说横死，有此九种。其余复有无量诸横，难可具说。

“复次，阿难！彼琰魔王主领世间名籍之记。若诸有情，不孝五逆，破辱三宝，坏君臣法，毁于信戒，琰魔法王，随罪轻重，考而罚之。是故我今劝诸有情，燃灯造幡，放生修福，令度苦厄，不遭众难。”

尔时，众中有十二药叉大将，俱在会坐，所谓：

宫毗罗大将，伐折罗大将，

迷企罗大将，安底罗大将，

頞你罗大将，珊底罗大将，

因达罗大将，波夷罗大将，

摩虎罗大将，真达罗大将，

招杜罗大将，毗羯罗大将。

此十二药叉大将，一一各有七千药叉以为眷属，同时举声白佛言：“世尊！我等今者，蒙佛威力，得闻世尊药师琉璃光如来名号，不复更有恶趣之怖。我等相率皆同一心，乃至尽形归佛法僧，誓当荷负一切有情，为作义利饶益安乐。随于何等村城、国邑、空闲林中，若有流布此经，或复受持药师琉璃光如来名号，恭敬供养者，我等眷属卫护是人，皆使解脱一切苦难；诸有愿求，悉令满足。或有疾厄求度脱者，亦应读诵此经，以五色缕，结我名字，得如愿已，然后解结。”

尔时，世尊赞诸药叉大将言：“善哉！善哉！大药叉将！汝等念报世尊药师琉璃光

如来恩德者，常应如是利益安乐一切有情。”

尔时，阿难白佛言：“世尊！当何名此法门？我等云何奉持？”佛告阿难：“此法门名说药师琉璃光如来本愿功德；亦名说十二神将饶益有情结愿神咒；亦名拔除一切业障；应如是持。”时薄伽梵说是语已，诸菩萨摩诃萨，及大声闻，国王大臣、婆罗门居士，天龙药叉、健达缚、阿素洛、揭路荼、紧捺洛、莫呼洛伽，人、非人等，一切大众，闻佛所说，皆大欢喜，信受奉行。

药师琉璃光如来本愿功德经

南無日光徧照菩薩

南無藥師瑠璃光如

來

南無月光徧照菩薩

沙門弘一音敬書

歸命滿月界
淨妙瑠璃尊
法藥救人天
因中十二願
慈悲弘誓廣

願度諸含生

我今申讚揚

志心頭面禮

藥師琉璃光如來 消災

除難念誦儀軌中 讚偈

藥師瑠璃光如来本願功德經

大唐三藏法師玄奘奉詔譯

如是我聞。一時薄伽梵遊化諸國至廣嚴

城住樂音樹下。與大
苾芻眾八千人俱菩
薩摩訶薩三萬六千
及國王大臣婆羅門
居士天龍藥叉人非

人等無量大眾、恭敬圍繞而為說法。尒時曼殊室利法王子承佛威神。從座而起、偏袒一肩、右膝著

地向薄伽梵曲躬合掌。白言。世尊。唯願演說如是相類諸佛名號、及本大願、殊勝功德。令諸聞者業障消

除、為欲利樂像法轉
時諸有情故。
尒時世尊讚曼殊室
利童子言。善哉善哉。
曼殊室利。汝以大悲

勸請我說諸佛名號
本願功德。為拔業障
所纏有情、利益安樂
像法轉時諸有情故。
汝今諦聽、極善思惟。

當為汝說。曼殊室利言。唯然願說。我等樂聞。

佛告曼殊室利。東方去此過十殑伽沙等

佛土有世界名淨瑠璃。佛號藥師瑠璃光如来應正等覺明行圓滿善逝世間解無上士調御丈夫天人

師、佛、薄伽梵。曼殊室利。彼佛世尊藥師瑠璃光如來本行菩薩道時、發十二大願。令諸有情所求

皆得。

第一大願。願我来世得阿耨多羅三藐三菩提時。自身光明熾然照曜無量無數無

邊世界。以三十二大丈夫相、八十隨好、莊嚴其身。令一切有情、如我無異。

第二大願。願我來世

得菩提時。身如瑠璃
內外明徹淨無瑕穢。
光明廣大。功德巍巍。
身善安住。燄網莊嚴、
過於日月。幽冥眾生

悉蒙開曉隨意所趣作諸事業。第三大願。願我來世得菩提時。以無量無邊智慧方便。令諸有

情皆得無盡所受用物莫令眾生有所乏少。

第四大願。願我来世得菩提時。若諸有情

行邪道者、悉令安住

菩提道中。若行聲聞

獨覺乘者、皆以大乘

而安立之。

第五大願。願我來世

得菩提時。若有無量無邊有情、於我法中修行梵行。一切皆令得不缺戒、具三聚戒。設有毀犯、聞我名已、

還得清淨不墮惡趣」。
第六大願。願我來世
得菩提時。若諸有情
其身下劣、諸根不具。
醜陋頑愚、盲聾瘖瘂

攣躄背僂白癩癲狂
種種病苦。聞我名已。
一切皆得端正黠慧、
諸根完具、無諸疾苦」。
第七大願。願我來世

得菩提時。若諸有情
眾病逼切、無救無歸。
無醫無藥無親無家、
貧窮多苦。我之名號
一經其耳。眾病悉除、

身心安樂。家屬資具悉皆豐足。乃至證得無上菩提。

第八大願。願我来世得菩提時。若有女人

為女百惡之所逼惱。極生厭離願捨女身。聞我名已，一切皆得轉女成男，具丈夫相。乃至證得無上菩提。

第九大願。願我来世
得菩提時。令諸有情
出魔羂網．解脫一切
外道纏縛。若墮種種
惡見稠林．皆當引攝

置於正見。漸令修習諸菩薩行、速證無上正等菩提。

第十大願。願我来世淂菩提時。若諸有情

王法所錄繩縛鞭撻

繫閉牢獄、或當刑戮。

及餘無量災難陵辱、

悲愁煎迫身心受苦。

若聞我名。以我福德

威神力故皆得解脱一切憂苦。

第十一大願。願我来世得菩提時。若諸有情饑渴所惱、為求食

故、造諸惡業。得聞我名、專念受持。我當先以上妙飲食、飽足其身。後以法味、畢竟安樂而建立之。

第十二大願。願我来世得菩提時。若諸有情貧無衣服、蚊蝱寒熱晝夜逼惱。若聞我名專念受持。如其所

好．即得種種上妙衣服。亦得一切寶莊嚴具．華鬘塗香鼓樂衆伎隨心所翫皆令滿足。

曼殊室利。是為彼世尊藥師瑠璃光如来應正等覺、行菩薩道時、所發十二微妙上願。

復次曼殊室利。彼世尊藥師瑠璃光如来行菩薩道時所發大願。及彼佛土功德莊嚴。我若一劫若一劫

餘說不能盡。然彼佛
土一向清淨。無有女
人、亦無惡趣及苦音
聲。瑠璃為地、金繩界
道城闕宮閣軒窗羅

網皆七寶成。亦如西方極樂世界功德莊嚴等無差別。於其國中有二菩薩摩訶薩、一名日光徧照、二名

月光徧照。是彼無量
無數菩薩眾之上首、
悉能持彼世尊藥師
瑠璃光如来正法寶
藏。是故曼殊室利。諸

有信心善男子善女
人等、應當願生彼佛
世界。
尒時世尊復告曼殊
室利童子言。曼殊室

利。有諸衆生不識善
惡、唯懷貪吝。不知布
施及施果報。愚癡無
智、闕於信根。多聚財
寶勤加守護、見乞者

来其心不喜。設不獲已而行施時、如割身肉深生痛惜。復有無量慳貪有情積集資財、於其自身尚不受

用，何況能與父母妻子奴婢作使及來乞者。彼諸有情從此命終，生餓鬼界或傍生趣。由昔人間曾得暫

聞藥師瑠璃光如来
名故。今在惡趣、暫得
憶念彼如来名。即於
念時、從彼處、沒、還生
人中。得宿命念、畏惡

趣苦不樂欲樂、好行惠施讚歎施者、一切所有悉無貪惜。漸次尚能以頭目手足血肉身分施來求者況

餘財物。復次曼殊室利。若諸有情雖扵如来受諸學處而破尸羅。有雖不破尸羅而破軌則。

有於尸羅執則雖浮不壞然毀正見。有雖不毀正見而棄多聞、於佛所說契经深義不能解了。有雖多聞

而增上慢，由增上慢

覆蔽心故，自是非他

嫌謗正法，為魔伴黨。

如是愚人，自行邪見

復令無量俱胝有情

墮大險坑。此諸有情應於地獄傍生鬼趣流轉無窮。若得聞此藥師瑠璃光如来名號、便捨惡行修諸善

法不墮惡趣。設有不能捨諸惡行修行善法墮惡趣者、以彼如来本願威力、令其現前暫聞名號。從彼命

終、還生人趣。得正見精進善調意樂、便能捨家趣於非家、如來法中受持學處無有毀犯。正見多聞解甚

深義離增上慢不謗正法不為魔伴。漸次修行諸菩薩行．速得圓滿。復次曼殊室利。若諸

有情慳貪嫉妒自讚毀他。當墮三惡趣中無量千歲受諸剝苦。受剝苦已、從彼命終、来生人間。作牛馬駝

韁、恒被鞭撻、飢渴逼惱。又常負重隨路而行。或得為人、生居下賤、作人奴婢。受他驅役、恒不自在。若昔人

中。曾聞世尊藥師瑠璃光如来名號。由此善因。今復憶念至心歸依。以佛神力。衆苦解脫。諸根聰利。智慧

多聞。恆求勝法、常遇善友。永斷魔羂。破無明㲉、竭煩惱河、解脫一切生老病死憂悲苦惱。

復次曼殊室利。若諸有情好喜乖離，更相鬪訟，惱亂自他。以身語意造作增長種種惡業。展轉常為不饒

益事。互相謀害、告召
山林樹塚等神。殺諸
眾生、取其血肉、祭祀
藥叉羅剎婆等。書怨
人名、作其形像、以惡

呪術而呪咀之。厭媚蠱道呪起屍鬼令斷彼命及壞其身。是諸有情若得聞此藥師瑠璃光如来名號。彼

諸惡事悉不能害。一切展轉皆起慈心、利益安樂。無損惱意及嫌恨心、各各歡悅。於自所受生扵喜足。不

相侵陵、互為饒益。復次曼殊室利。若有四眾苾芻苾芻尼鄔波索迦鄔波斯迦、及餘淨信善男子善女

人等。有能受持八分齋戒或經一年或復三月受持學處。以此善根願生西方極樂世界無量壽佛所聽

聞正法而未定者。若聞世尊藥師瑠璃光如来名號。臨命終時、有八菩薩乘神通来、示其道路。即於彼界

種種雜色衆寶華中自然化生。或有因此生於天上。雖生天中、而本善根亦未窮盡、不復更生諸餘惡趣。

天上壽盡，還生人間。或為輪王，統攝四洲，威德自在，安立無量百千有情於十善道。或生刹帝利婆羅門

居士大家、多饒財寶

倉庫盈溢、形相端嚴

眷屬具足、聰明智慧

勇健威猛如大力士。

若是女人得聞世尊

藥師如来名號至心
受持，於後不復更受
女身。
尒時曼殊室利童子
白佛言。世尊。我當誓

於像法轉時、以種種方便、令諸淨信善男子善女人等得聞世尊藥師瑠璃光如來名號。乃至睡中亦以

佛名覺悟其耳。世尊。
若於此經受持讀誦、
或復為他演說開示、
若自書若教人書恭
敬尊重。以種種華香

塗香末香燒香華鬘瓔珞幡蓋伎樂而爲供養。以五色綵作囊盛之．掃灑淨霧敷設高座而用安處。尒時

四大天王與其眷屬、及餘無量百千天眾、皆詣其所供養守護。世尊。若此經寶流行之處．有能受持。以彼

世尊藥師瑠璃光如来本願功德及聞名號。當知是處無復横死亦復不為諸惡鬼神奪其精氣、設已奪

者還得如故身心安樂。

佛告曼殊室利。如是如是。如汝所說。曼殊室利。若有淨信善男

子善女人等欲供養彼世尊藥師瑠璃光如來者。應先造立彼佛形像，敷清淨座而安處之。散種種華，燒

種種香、以種種幢幡莊嚴其處。七日七夜受八分齋戒、食清淨食。澡浴香潔、著新淨衣。應生無垢濁心無

恕害心、於一切有情起利益安樂慈悲喜捨平等之心。鼓樂歌讚、右繞佛像。復應念彼如來本願功德、讀

誦此經思惟其義演說開示隨所樂願一切皆遂求長壽得長壽求富饒得富饒求官位得官位求男女

得男女若復有人忽
得惡夢見諸惡相或
怪鳥來集或於住處
百怪出現此人若以
眾妙資具恭敬供養

彼世尊藥師瑠璃光
如來者惡夢惡相諸
不吉祥皆悉隱沒不
能為患或有水火刀
毒懸嶮惡象師子虎

狼熊羆毒蛇惡蠍蜈
蚣蚰蜒蚊蝱等怖若
能至心憶念彼佛恭
敬供養一切怖畏皆
得解脫若他國侵擾

盜賊反亂。憶念恭敬彼如來者，亦皆解脫。復次曼殊室利。若有淨信善男子善女人等乃至盡形不事餘

天。唯當一心歸佛法僧、受持禁戒。若五戒十戒菩薩四百戒苾芻二百五十戒苾芻尼、五百戒。於所受中

或有毀犯，怖墮惡趣。若能專念彼佛名號，恭敬供養者，必定不受三惡趣生。或有女人臨當產時，受於極

苦。若能至心稱名禮讚恭敬供養彼如來者、眾苦皆除。所生之子身分具足、形色端正見者歡喜。利根聰

明安隱少病無有非
人奪其精氣。
爾時世尊告阿難言。
如我稱揚彼佛世尊
藥師瑠璃光如來所

有功德。此是諸佛甚深行處、難可解了。汝爲信不。阿難白言。大德世尊。我於如來所說契經不生疑惑。所

以者何。一切如來身語意業無不清淨。世尊。此日月輪可令墮落。妙高山王可使傾動。諸佛所言無有異

也。世尊。有諸衆生信根不具。聞說諸佛甚深行處、作是思惟、云何但念藥師瑠璃光如來一佛名號便獲

爾所功德勝利。由此
不信、返生誹謗。彼於
長夜失大利樂、墮諸
惡趣流轉無窮。佛告
阿難。是諸有情若聞

世尊藥師瑠璃光如來名號、至心受持不生疑惑、墮惡趣者無有是處。阿難。此是諸佛甚深所行、難可信

解。汝今能受、當知皆是如來威力。阿難。一切聲聞獨覺及未登地諸菩薩等皆悉不能如實信解、唯除一

生所繫菩薩。阿難。人身難得，於三寶中信敬尊重亦難可得，得聞世尊藥師瑠璃光如來名號復難於是。

阿難。彼藥師瑠璃光如来無量菩薩行無量善巧方便無量廣大願。我若一劫若一劫餘而廣說者，劫可

速盡、彼佛行願善巧
方便無有盡也。
爾時眾中有一菩薩
摩訶薩、名曰救脫。即
從座起、偏袒右肩、右

膝著地，曲躬合掌，而白佛言。大德世尊。像法轉時，有諸眾生，為種種患之所困厄，長病羸瘦，不能飲食。喉

唇乾燥、見諸方暗、死相現前、父母親屬朋友知識啼泣圍繞。然彼自身臥在本處、見琰魔使引其神識至

於琰魔法王之前。然諸有情有俱生神，隨其所作若罪若福皆具書之，盡持授與琰魔法王。爾時彼王推

問其人、算計所作、隨其罪福而處斷之。時彼病人親屬知識若能為彼歸依世尊藥師瑠璃光如來、請諸

眾僧、轉讀此經、燃七層之燈、懸五色續命神幡。或有是處彼識得還、如在夢中明了自見。或經七日或二

十一日或三十五日或四十九日彼識還時，如從夢覺，皆自憶知善不善業所得果報。由自證見業果報

故、乃至命難亦不造作諸惡之業。是故淨信善男子善女人等皆應受持藥師瑠璃光如來名號、隨力所

能恭敬供養。
爾時阿難問救脫菩
薩曰。善男子。應云何
恭敬供養彼世尊藥
師瑠璃光如來、續命

幡燈復云何造。救脫菩薩言。大德。若有病人欲脫病苦。當為其人七日七夜受持八分齋戒。應以飲

食及餘資具隨力所
辦供養苾芻僧。晝夜
六時禮拜供養彼世
尊藥師瑠璃光如來。
讀誦此經四十九遍。

燃四十九燈。造彼如來形像七軀、一一像前各置七燈、一一燈量大如車輪、乃至四十九日光明不絕。造

五色綵幡、長四十九搩手。應放雜類衆生至四十九。可得過度危厄之難、不為諸橫惡鬼所持。

復次阿難。若剎帝利灌頂王等災難起時。所謂人衆疾疫難、他國侵逼難、自界叛逆難、星宿變怪難、日月

薄蝕難、非時風雨難、過時不雨難。彼刹帝利灌頂王等，尒時應於一切有情起慈悲心、赦諸繫閉。依前所

説供養之法、供養彼世尊藥師瑠璃光如來。由此善根、及彼如來本願力故。令其國界即得安隱。風雨順

時、穀稼成熟。一切有情無病歡樂、於其國中無有暴惡藥叉等神惱有情者。一切惡相皆即隱沒。而剎帝

利灌頂王等壽命色力無病自在皆得增益。阿難。若帝后妃主儲君王子大臣輔相中宮綵女百官黎庶

為病所苦，及餘厄難。
亦應造立五色神幡，
燃燈續明，放諸生命，
散雜色華，燒眾名香，
病得除愈，眾難解脫。

尒時阿難問救脫菩薩言。善男子。云何已盡之命而可增益。救脫菩薩言。大德。汝豈不聞如來說有九橫

死耶。是故勸造續命幡燈、修諸福德。以修福故、盡其壽命不經苦患。阿難問言。九橫云何。救脫菩薩言。若

諸有情得病雖輕、然無醫藥及看病者。設復遇醫、授以非藥、實不應死而便橫死。又信世間邪魔外道妖

孽之師、妄說禍福。便生恐動、心不自正卜問覓禍。殺種種衆生、解奏神明、呼諸魍魎、請乞福祐。欲冀延年、

終不能得。愚癡迷惑、信邪倒見。遂令橫死、入於地獄無有出期。是名初橫。二者橫被王法之所誅戮。三者

眈獵嬉戲、躭婬嗜酒、放逸無度、橫為非人奪其精氣。四者橫為火焚。五者橫為水溺。六者橫為種種惡獸

所噉。七者横墮山崖。八者横為毒藥厭禱呪咀起屍鬼等之所中害。九者飢渴所困。不得飲食而便横死。

是為如来略說横死有此九種。其餘復有無量諸横、難可具說。復次阿難。彼琰魔王主領世間名籍之記。

若諸有情不孝五逆、
破辱三寶、壞君臣法、
毀於信戒。琰魔法王
隨罪輕重、考而罰之。
是故我今勸諸有情、

燃燈造幡．放生修福。
令度苦厄．不遭衆難。
尒時衆中有十二藥
叉大將俱在會坐。所
謂宫毗羅大將．伐折

羅大將。迷企羅大將。
安底羅大將。頞你羅
大將珊底羅大將。因
達羅大將。波夷羅大
將。摩虎羅大將。真達

羅大將招杜羅大將
毗羯羅大將。此十二
藥叉大將一一各有
七千藥叉以為眷屬。
同時舉聲白佛言。世

尊。我等今者蒙佛威力，得聞世尊藥師瑠璃光如來名號，不復更有惡趣之怖。我等相率皆同一心，乃至

盡形歸佛法僧。誓當
荷負一切有情、為作
義利饒益安樂。隨於
何等村城國邑空閑
林中、若有流布此經、

或復受持藥師瑠璃

光如來名號恭敬供

養者。我等眷屬衛護

是人、皆使解脫一切

苦難、諸有願求悉令

滿足。或有疾厄求度脫者。亦應讀誦此經。以五色縷結我名字、得如願已然後解結。尒時世尊讚諸藥叉

大將言。善哉善哉。大藥叉將。汝等念報世尊藥師瑠璃光如來恩德者、常應如是利益安樂一切有情。

尒時阿難白佛言。世尊。當何名此法門、我等云何奉持。佛告阿難。此法門名說藥師瑠璃光如來本願功

德亦名說十二神將饒益有情結願神呪、亦名拔除一切業障。應如是持。時薄伽梵說是語已。諸菩薩摩

訶薩及大聲聞國王大臣婆羅門居士天龍藥叉健達縛阿素洛揭路荼緊捺洛莫呼洛伽人非人等。一

切大眾聞佛所說，皆
大歡喜信受奉行。

藥師瑠璃光如來本
願功德經

此咒置经书中　可灭误跨之罪

华严集联三百

中国画报出版社 · 北京

华严经偈

譬如工画师
不能知自心
而由心故画
诸法性如是
心如工画师
能画诸世间
五蕴悉从生
无法而不造

觉林菩萨

晋译
大方广佛华严经
偈颂集句百联

住深法性 世间净眼品
得上善根 净行品

甚深功德 世间净眼品
无上清凉 净行品

升无上道 净行品
得正法流 净行品

发无上意 净行品
得总持门 净行品

断除烦恼　净行品
具足菩提　净行品

常得正念　净行品
普行大慈　净行品

见法如幻　净行品
以道自娱　净行品

令出爱狱　净行品
永得大安　净行品

体解大道　净行品
饶益众生　十回向品

善悟无碍　十回向品
永得大安　净行品

无上胜妙地　卢舍那佛品
离垢清凉园　离世间品

灭除一切苦　卢舍那佛品
圆满无上悲　入法界品

常住于寂静　卢舍那佛品
而有深慈悲　十地品

有无量自在　卢舍那佛品
入不二法门　光明觉品

观察真实义　光明觉品
建立智慧幢　离世间品

能说真实义　光明觉品
为现智慧灯　光明觉品

安住平等相　光明觉品
广发大悲心　入法界品

远离一切有　光明觉品
圆满无上悲　入法界品

其心无所著　光明觉品
诸佛常现前　妙胜说偈品

自性真清净　菩萨明难品
诸法无去来　十忍品

常乐寂静法　妙胜说偈品
而行慈悲心　十地品

远离众生相　妙胜说偈品
具足大悲心　光明觉品

无上慧坚固　妙胜说偈品
功德华庄严　入法界品

无有分别想　初发心功德品
而行慈悲心　十地品

而无众生想　初发心功德品
常行大慈心　光明觉品

离暗趣明正　初发心功德品
除热得清凉　入法界品

常饮法甘露　初发心功德品
安住宝莲华　卢舍那佛品

大慈念一切　初发心功德品
慧光照十方　明法品

平等观诸法 初发心功德品
悲心救世间 十地品

解彼真实性 夜摩说偈品
得佛智慧光 十地品

能与清净眼 十行品
为现智慧灯 光明觉品

度脱众生海 十行品
满足大愿云 入法界品

智慧善分别 十行品
音声非如来 夜摩说偈品

诸佛常护念 十行品
百福自庄严 十行品

观佛无厌足 十行品
闻法悉受持 入法界品

持戒到彼岸 十行品
说法度众生 夜摩说偈品

慧眼见一切 十行品
妙音满十方 十行品

击无上法鼓 十行品
利一切世间 十地品

语言无所著 十行品
智慧不可量 十行品

演说于妙义 十地品
长养诸善根 如来性起品

身自持净戒　十地品
我常修大慈　入法界品

常为佛所护　十地品
但以智可知　十地品

慈悲依智慧　如来性起品
清净如虚空　入法界品

普雨润大地　如来性起品
如月行虚空　十地品

法云雨甘露　如来性起品
净戒为涂香　离世间品

消竭爱欲水　离世间品
出生智慧华　离世间品

圆满法界月　离世间品
清凉功德池　十行品

长养智慧树　离世间品
开发菩提门　入法界品

观色如聚沫　离世间品
持戒为妙香　离世间品

住一切智树　离世间品
建无上法幢　离世间品

惭愧为深堑　离世间品
智慧如金刚　离世间品

常持清净戒　入法界品
应生欢喜心　入法界品

具诸功德藏　入法界品
起大慈悲心　妙胜说偈品

除灭虚妄倒　入法界品
具足智慧明　十行品

远离烦恼垢　入法界品
增长菩提心　兜率赞佛品

饶益一切众　入法界品
圆满无上慈　入法界品

即发弘誓愿　入法界品
普放净光明　夜摩说偈品

大愿悉成满　入法界品
百福自庄严　十行品

言必不虚妄 入法界品
心离于有无 十地品

入一切智藏 人法界品
度无量众生 光明觉品

成就功德海 入法界品
具足智慧身 入法界品

长养功德藏 入法界品
具足智慧身 入法界品

慈悲甚弥广 入法界品
智慧不可量 十行品

无尽智慧海 入法界品
一切世间灯 夜摩说偈品

持戒不放逸 入法界品
了身如虚空 离世间品

精勤持净戒 入法界品
慈悲度众生 入法界品

演说甚深清净法 世间净眼品
令生无量欢喜心 世间净眼品

示现诸佛深妙法 世间净眼品
开发众生菩提心 贤首菩萨品

开发众生智慧海 世间净眼品
得见如来清净身 世间净眼品

照除一切愚痴暗 世间净眼品
能燃无上智慧灯 世间净眼品

所演妙法无穷尽 世间净眼品
唯有诸佛能证知 贤首菩萨品

普令众生得法喜 世间净眼品
犹如满月显高山 世间净眼品

普雨法雨润一切 世间净眼品
难行苦行为众生 世间净眼品

能立无上正教法 世间净眼品
常为世间良福田 卢舍那佛品

度脱一切众生海 世间净眼品
得成最胜世间灯 贤首菩萨品

开示众生见正道 世间净眼品
犹如净眼观明珠 世间净眼品

分别世间诸法相　世间净眼品
安立众生净戒中　贤首菩萨品

善说微妙寂静法　卢舍那佛品
得生广大欢喜心　世间净眼品

教化无量众生海　卢舍那佛品
安住一切三昧门　十回向品

于诸佛所修善法　卢舍那佛品
以无上道化众生　卢舍那佛品

满足一切大愿力　卢舍那佛品
速成无上佛菩提　贤首菩萨品

随顺诸佛真实教　光明觉品
增长众生清净心　世间净眼品

常叹诸佛胜妙戒 贤首菩萨品
增长众生清净心 世间净眼品

应当具足持净戒 贤首菩萨品
常为饶益诸群生 十回向品

菩萨苦行无与等 贤首菩萨品
如来神力遍十方 世间净眼品

信解微妙甚深法 贤首菩萨品
成就清净无等心 十回向品

戒是无上菩提本 贤首菩萨品
佛为一切智慧灯 世间净眼品

远离一切放逸行 贤首菩萨品
当发无上菩提心 贤首菩萨品

则持净戒顺正教 贤首菩萨品
普于众生放大光 世间净眼品

常乐柔和忍辱法 贤首菩萨品
安住慈悲喜舍中 世间净眼品

示现生老病死患 贤首菩萨品
舍离贪欲瞋恚痴 贤首菩萨品

除灭一切瞋恚毒 十回向品
令生无量欢喜心 世间净眼品

具足护持清净戒 十回向品
方便启导众生心 十回向品

常能具持清净戒 十回向品
速成无上功德幢 贤首菩萨品

如来境界无有边际　世间净眼品
普贤身相犹如虚空　卢舍那佛品

永离尘秽毕竟清净　净行品
勤修众善具足菩提　净行品

体解大道发无上意　净行品
舍离家难入空法中　净行品

得一向意勤求佛道　净行品
说微妙法饶益众生　十回向品

究竟得到头陀彼岸　净行品
具足成就智慧藏身　十回向品

究竟成就无上胜行　十回向品
悉以回向一切众生　十回向品

附

四联经文连续　非是集句

消灭一切愚痴暗
超升无上智慧台　世间净眼品

出生无上菩提树
长养最胜智慧门　贤首菩萨品

显现明净智慧灯
永灭生死愚痴暗　十回向品

觉悟无量生死行
逮得不退智慧门　十回向品

以上悉依晋译大方广佛华严经录出

唐译
大方广佛华严经
偈颂集句百联

所行无碍 净行品
以法自娱 净行品

具足惭愧 净行品
究竟清凉 净行品

至法彼岸 净行品
长佛善根 净行品

究竟清净 净行品
具足威仪 净行品

履净法界 净行品
获胜善根 净行品

说甚深法 净行品
升无上堂 净行品

获最胜法 净行品
升无上堂 净行品

证菩提道 净行品
得坚固身 净行品

具头陀行 净行品
得坚固身 净行品

入真实慧 净行品
得坚固身 净行品

永持梵行 净行品
勤修善根 净行品

恒守正念 净行品
常行大悲 净行品

入深法界 净行品
获胜善根 净行品

绝世贪爱 净行品
趣佛菩提 净行品

深入佛智 净行品
得预法流 净行品

入一切智 净行品
升无上堂 净行品

舍离众恼 净行品
成就佛身 净行品

见一切佛 净行品
升无上堂 净行品

端正严好 净行品
清净调柔 净行品

众德悉具 净行品
大悲所熏 净行品

安住真如地 如来现相品
普照智慧灯 十忍品

善入音声海 如来现相品
坚住菩提心 兜率偈赞品

远离于众相 如来现相品
愿度诸群生 十忍品

则悟甚深法 如来现相品
而兴大悲心 普贤行愿品

未曾有苦恼 华严世界品
决定成菩提 夜摩偈赞品

心生大欢喜 毗卢遮那品
佛放净光明 须弥偈赞品

体相无所有 光明觉品
光明靡不周 如来现相品

二边皆舍离 光明觉品
一念得菩提 离世间品

常获诸佛法　光明觉品
恒涂净戒香　入法界品

我性未曾有　光明觉品
智眼靡不周　光明觉品

入于真实境　光明觉品
照以智慧光　离世间品

具一切功德　光明觉品
得无上菩提　普贤行愿品

如梦不真实　菩萨问明品
舍我而修行　十忍品

无有一切相　夜摩偈赞品
而兴大悲心　普贤行愿品

离一切分别　夜摩偈赞品
得无上菩提　普贤行愿品

欲为诸法本　兜率偈赞品
心如工画师　夜摩偈赞品

一心求佛智　十地品
平等行世间　菩萨问明品

其心得安隐　十忍品
有苦皆灭除　毗卢遮那品

供佛令欢喜　十忍品
知身如虚空　离世间品

其心无染著　十忍品
如法而了知　十忍品

方便行于世　十忍品
寂静调其心　离世间品

处世而不住　十忍品
见心无所生　光明觉品

了世皆如梦　十忍品
见心无所生　光明觉品

于法得自在　普贤行愿品
知身如虚空　离世间品

心识犹如幻　离世间品
色相无有边　世主妙严品

舍慢持净戒　离世间品
以法化众生　十地品

勤行精进无厌怠 世主妙严品
善了境界起慈悲 世主妙严品

法身示现无真实 世主妙严品
慈心普遍等虚空 初发心功德品

无量法门皆自在 世主妙严品
一切智性如虚空 世主妙严品

光明照耀靡不及 世主妙严品
智慧增长无有边 十地品

如来为说广大法 世主妙严品
汝等应生欢喜心 毗卢遮那品

放大光明令觉悟 世主妙严品
离诸热恼恒清凉 十回向品

众生有苦皆令灭　世主妙严品
如来处世无所依　世主妙严品

供养一切诸佛海　世主妙严品
得成无上照世灯　十回向品

悉使众生离诸苦　世主妙严品
普于十方演妙音　世主妙严品

显示一切如来境　世主妙严品
发生无量欢喜心　十回向品

愿门广大不思议　世主妙严品
慈心普遍等虚空　初发心功德品

见佛自在生欢喜　世主妙严品
发心回向趣菩提　毗卢遮那品

普灭众生烦恼热 世主妙严品
恒演如来寂妙音 世主妙严品

而于诸有无行著 世主妙严品
为度众生普现身 如来现相品

能学如来之妙慧 世主妙严品
而于众生起大悲 入法界品

为利众生而出现 世主妙严品
不染世法如虚空 世主妙严品

广大寂静三摩地 世主妙严品
清净光明遍照尊 华严世界品

令生深信入佛智 世主妙严品
普现明灯照世间 世主妙严品

悉能悟入如来智　世主妙严品
未曾暂起分别心　十回向品

信解真实无分别　世主妙严品
光明遍净如虚空　世主妙严品

随众生心而化诱　世主妙严品
示甘露道使清凉　世主妙严品

两不思议最妙法　世主妙严品
发胜菩提大愿心　毗卢遮那品

一切如来同赞喜　如来现相品
十方众生悉慰安　初发心功德品

诸如来所悉亲近　普贤三昧品
为众生故求菩提　世主妙严品

常乐慈悲性欢喜　世界成就品
其心善软恒清凉　十回向品

愍念一切众生海　毗卢遮那品
兴起无量大悲心　十回向品

则以智慧为先导　贤首品
犹如影像现世间　世主妙严品

念念示现成佛道　贤首品
种种方便化众生　世主妙严品

普使受持清净戒　贤首品
应当速发菩提心　初发心功德品

十善业道悉清净　贤首品
百福相好所庄严　十行品

大悲哀愍救一切　贤首品
妙音演说遍十方　世主妙严品

能于众生施无畏　贤首品
普使世间得大明　十行品

如幻如梦离分别　十住品
无垢无碍同虚空　初发心功德品

众行具足犹满月　初发心功德品
发心广大等虚空　初发心功德品

于一切法无妄想　初发心功德品
尽未来际救众生　世主妙严品

欲灭众生诸苦恼　初发心功德品
为现法炬大光明　世主妙严品

但愿普与众生乐 初发心功德品
未曾暂起戏论心 十回向品

智慧无边不可说 十行品
光明照世为所归 初发心功德品

善能安住无碍藏 十行品
未曾暂起戏论心 十回向品

能以妙慧善安住 十行品
为度众生普现身 如来现相品

恒以大音宣正法 十行品
当念本愿度众生 十地品

护持众戒到彼岸 十行品
成就无畏为世雄 十行品

勤修三昧无二相 十行品
调伏众生遍十方 世主妙严品

深入广大智慧海 十行品
普作清凉功德池 十行品

解了诸法犹如响 十回向品
化导众生无有边 世主妙严品

众生幻化无有实 十回向品
诸佛护念恒不忘 十行品

以法长养诸功德 十回向品
发心趣向大菩提 毗卢遮那品

譬如法界无分别 十回向品
恒以智慧悉了知 十行品

如月清凉被众物 十地品
以法滋味益群生 世主妙严品

法性真常离心念 十地品
佛眼广大如虚空 世主妙严品

知一切法不可说 阿僧祇品
脱众生苦无有余 世主妙严品

演一言音充法界 如来出现品
起大慈悲现世间 入法界品

入真实慧永无病恼 净行品
得清净命不矫威仪 净行品

皆得妙法究竟清净 净行品
广度一切犹如桥梁 净行品

得清净手受持佛法 净行品
具惭耻行藏护诸根 净行品

得善意欲洗除惑垢 净行品
证无上法究竟清凉 净行品

附集句 二十五联

唐译华联集句较多 前录百联之外犹存二十五联附录于下

已证如来智 如来现相品
勤行广大慈 入法界品

思议莫能及 如来现相品
光明无有边 如来现相品

随应演妙法 如来现相品
平等施众生 入法界品

速入如来地 如来现相品
普演广大音 如来现相品

能灭众生苦　毗卢遮那品
为兴大法云　如来现相品

住于清凉慧　光明觉品
永离烦恼身　离世间品

永绝诸戏论　光明觉品
念报于佛恩　兜率偈赞品

破诸烦恼障　光明觉品
照以智慧光　离世间品

自性无所有　夜摩偈赞品
智眼靡不周　光明觉品

灭诸烦恼患　兜率偈赞品
放大清净光　入法界品

能成平等智 十忍品
恒起大愿心 十地品

除灭世间想 十忍品
了达诸法空 离世间品

令除烦恼热 离世间品
悉发菩提心 世界成就品

令入难思清净法 世主妙严品
发生无量欢喜心 十回向品

诸佛境界不思议 世主妙严品
普贤身相如虚空 普贤三昧品

普净福海除众苦 世主妙严品
广说佛道悟群生 十地品

世间烦恼皆令尽 世主妙严品
菩萨功德无有边 十行品

福德如空无有尽 世主妙严品
佛境甚深难可思 世界成就品

福德如空无有尽 世主妙严品
大悲念物靡不周 世主妙严品

此乃能入如来智 世界成就品
而不生于取著心 十回向品

广大智慧无所碍 光明觉品
自然觉悟不由他 十行品

具足修习诸功德 贤首品
朗然开悟大菩提 世主妙严品

常为诸佛所护念 初发心功德品
当净其意如虚空 如来出现品

普作群生功德藏 初发心功德品
恒演如来寂妙音 世主妙严品

智眼清净无与等 十行品
言音善巧靡不充 十住品

附八联

经文连续

是非集句

立志如大山
种德若深海 离世间品

得授菩提记
安住广大心 离世间品

妙智清净日
大悲圆满轮 入法界品

广辟离尘清净道
永耀众生智慧灯 世主妙严品

神通应现如光影
法轮真实同虚空 世主妙严品

一即是多多即一
文随于义义随文 十住品

绍隆佛种不断绝
摧灭魔宫无有余 初发心功德品

善知一切真实相
深入无边法界门 入法界品

以上悉依唐译《大方广佛华严经》录出

唐贞元译
大方广佛华严经
入不思议解脱境界普贤行愿品
偈颂集句百联

甚深智境界
无碍妙光明

法界无分别
佛智同虚空

悉离有无相
普游解脱门

能消诸渴爱
当作世光明

微妙难思议
清净如虚空

众德皆圆满
八表同欢康

远离于身相
安乐诸世间

普入于法界
开悟诸群生

智身无所著
世间唯假名

发心求正觉
忘己济群生

深入智慧海
普游解脱门

其心无厌倦
于世起慈悲

饮诸佛法海
放大智慧光

速入如来地
普游解脱门

与世为依怙
如日处虚空

能随诸佛教
普顺众生心

欲满诸佛智
普顺众生心

当令诸佛喜
普随众生心

当到功德岸
普出爱欲泥

当为世依救
普放智光明

往生佛国土
普放智光明

消竭烦恼海
增长福智芽

到佛功德岸
照世圆满灯

应生大喜跃
专向佛菩提

其心大欢喜
于世起慈悲

亲近善知识
回向大菩提

当修功德海
永离贪著心

当令众生喜
能报大师恩

增长诸功德
成就大菩提

诸佛所称叹
八表同欢康

欲解众生缚
当成三界师

疾入大智海
当听妙法云

当示于正道
普摄诸群生

诸佛等慈父
人命如电光

则能入佛境
不著于世间

到佛功德岸
为世大明灯

兴云霪甘泽
忘己济群生

为发大悲意
能建正法幢

遍知一切法
为世大明灯

欲满诸佛智
能发大悲心

方便随宜而化度
利乐平等无怨亲

誓修普贤清净行
即发菩提广大心

汝常护持清净戒
我为演说大悲门

常行清净菩提道
而兴广大悲愍心

获得无忧安隐乐
示我真乘解脱门

调伏众生无懈倦
觉悟法性如虚空

普事一切善知识
志求无上佛菩提

一切诸苦皆消灭
百福妙相具庄严

愿得普贤真妙行
能救法界苦众生

愿得普贤真妙行
常乐利益诸众生

香气普熏于一切
大悲广济诸群生

常行清净菩提道
愿得端严相好身

得入普贤深行愿
常放智日大光明

护诸苦厄如父母
决定利益无怨亲

住大慈悲恒自在
涤除炎热使清凉

勇猛精勤无退转
光明相好以庄严

是故精勤持净戒
不著尘垢如莲华

我身离著无诸垢
智眼常明如日光

觉悟一切诸放逸
圆满无上大菩提

随众生心说妙法
以普贤行悟菩提

起大愿云周法界
以普贤行悟菩提

成就甚深平等忍
增长如空大智心

亦闻演说甚深法
即发广大希有心

悉灭众生烦恼暗
恒涂净戒真实香

光明晃耀如星月
智慧境界等虚空

开示甚深微妙法
发起广大菩提心

解了世间犹若梦
灭除障垢无有余

速疾增长无碍智
普遍发起大悲心

发心愿得无师道
为众能开甘露门

证入甚深诸法性
度脱一切苦众生

普化众生令解脱
不著一切如虚空

证入难思真法性
普见无量诸如来

誓愿勤求一切智
普遍发起大悲心

普离一切诸烦恼
专求最胜佛菩提

本性真常离分别
智慧广大如虚空

得佛究竟诸安乐
起深清净大慈悲

安住诸佛菩提道
不起凡夫染污心

最胜寂静真实法
清净福德智慧身

开示净妙人天路
常起广大慈悲心

勤修利益众生道
安住增长净戒中

愿证法身成正觉
常于苦海救众生

了知法界皆无碍
于诸梵行悉坚持

广大自在神通力
最上无垢深净心

增长无量深福海
利益一切苦众生

增长无量深福海
修行如幻妙法门

雨大法雨令开悟
行菩提行利众生

相好庄严甚微妙
智慧广大如虚空

誓救众生无退怯
不著一切如虚空

谛观诸法真实性
不起凡夫染污心

必成寂静菩提果
具修广大清净慈

勇猛护持于佛法
愿常利益诸世间

身心安乐无诸苦
智力广大遍十方

皆悉勤修普贤行
恒不忘失菩提心

常得出家修净戒
恒以正法御群生

圆满普贤诸行力
速获如来无上身

为汝演说菩提法
至心意念大悲尊

愿度无量群生众
速离一切忧怖心

生我智慧辩才力
不受三涂八难身

一切胜福皆成就
三毒翳障尽销除

附二联

经文连续

非是集句

如风游虚空
所行无障碍

远离诸妄想
随顺于众生

以上悉依：

唐贞元译《大方广佛华严经入不思议解脱境界普贤行愿品》录出

華嚴集聯三百

華嚴經偈

譬如工畫師
不能知自心
而由心故畫
諸法性如是
心如工畫師
能畫諸世間
五蘊悉從生
無法而不造

無著敬書

晉譯大方廣佛華嚴經偈頌集句百聯

住深法性

世间净眼品

得上善根

净行品

甚深功德

世间净眼品

無上清涼

净行品

升無上道
淨行品

得正法流
淨行品

發無上意
淨行品

得總持門
淨行品

斷除煩惱

淨行品

具足菩提

淨行品

常得正念

淨行品

普行大慈

淨行品

見法如幻
淨行品

以道自娛
淨行品

令出愛獄
淨行品

永得大安
淨行品

體解大道（淨行品）

饒益衆生（十回向品）

善悟無礙（十回向品）

永得大安（淨行品）

無上勝妙地

盧舍那佛品

離垢清涼園

離世间品

滅除一切苦

盧舍那佛品

圓滿無上悲

入法界品

常住於寂靜

盧舍那佛品

而有深慈悲

十地品

有無量自在

盧舍那佛品

入不二法門

光明覺品

觀察真實義

光明覺品

建立智慧幢

離世间品

能說真實義

光明覺品

為現智慧燈

光明覺品

安住平等相

光明覺品

廣發大悲心

入法界品

遠離一切有

光明覺品

圓滿無上悲

入法界品

其心無所著
光明覺品

诸佛常現前
妙勝說偈品

自性真清淨
菩薩明難品

諸法無去来
十忍品

常樂寂静法
妙勝說偈品

而行慈悲心
十地品

遠離衆生相
妙勝說偈品

具足大悲心
光明覺品

無上慧堅固
功德華莊嚴
無有分別想
而行慈悲心

妙勝說偈品
入法界品
初發心功德品
十地品

而無衆生想

初發心功德品

常行大慈心

光明覺品

離闇趣明正

初發心功德品

除熱得清涼

入法界品

常飲法甘露

初發心功德品

安住寶蓮華

盧舍那佛品

大慈念一切

初發心功德品

慧光照十方

明法品

平等觀諸法

初发心功德品

悲心救世间

十地品

解彼真實性

夜摩说偈品

得佛智慧光

十地品

能与清淨眼　十行品

為現智慧燈　光明覺品

度脫眾生海　十行品

滿足大願雲　入法界品

智慧善分別
十行品

音聲非如来
夜摩說偈品

諸佛常護念
十行品

百福自莊嚴
十行品

觀佛無厭足

十行品

聞法悉受持

入法界品

持戒到彼岸

十行品

說法度眾生

夜摩說偈品

慧眼見一切

十行品

妙音滿十方

十行品

擊無上法鼓

十行品

利一切世间

十地品

語言無所著

十行品

智慧不可量

十行品

演說於妙義

十地品

長養諸善根

如来性起品

身自持净戒 十地品

我常修大慈 入法界品

常为佛所护 十地品

但以智可知 十地品

慈悲依智慧

如来性起品

清淨如霊空

入法界品

普雨潤大地

如来性起品

如月行霊空

十地品

法雲雨甘露

如来性起品

净戒為塗香

離世间品

消渴愛欲水

離世间品

出生智慧華

離世间品

圓滿法界月

離世间品

清涼功德池

十行品

長養智慧樹

離世间品

開發菩提門

入法界品

觀色如聚沫

離世間品

持戒為妙香

離世間品

住一切智樹

離世間品

建無上法幢

離世間品

慙愧為深塹
離世间品

智慧如金剛
離世间品

常持清淨戒
入法界品

應生歡喜心
入法界品

具諸功德藏　入法界品

起大慈悲心　妙勝說偈品

除滅虛妄倒　入法界品

具足智慧明　十行品

遠離煩惱垢　入法界品

增長菩提心　兜率讚佛品

饒益一切眾　入法界品

圓滿無上慈　入法界品

即發弘誓願 入法界品

普放淨光明 夜摩說偈品

大願悉成滿 入法界品

百福自莊嚴 十行品

言必不虛妄
入法界品

心離於有無
十地品

入一切智藏
入法界品

度無量衆生
光明覺品

成就功德海　入法界品

具足智慧身　入法界品

長養功德藏　入法界品

具足智慧身　入法界品

慈悲甚彌廣
入法界品

智慧不可量
十行品

無盡智慧海
入法界品

一切世間燈
夜摩說偈品

持戒不放逸　入法界品

了身如虚空、　離世间品

精勤持淨戒　入法界品

慈悲度衆生　入法界品

演說甚深清淨法
令生無量歡喜心

世间净眼品　世间净眼品

示現諸佛深妙法
開發眾生菩提心

世间净眼品　賢首菩薩品

開發眾生智慧海
得見如来清淨身

世間淨眼品

世間淨眼品

照除一切愚癡闇
能然無上智慧燈

世間淨眼品

世間淨眼品

所演妙法無窮盡
唯有諸佛能証知
世间淨眼品　賢首菩薩品
普令眾生得法喜
猶如滿月顯高山
世间淨眼品　世间淨眼品

普雨法雨润一切

難行苦行為眾生

世间净眼品

世间净眼品

能立無上正教法

常為世间良福田

世间净眼品

盧舍那佛品

度脫一切眾生海
得成最勝世間燈
世間淨眼品　賢首菩薩品
開示眾生見正道
猶如淨眼觀明珠
世間淨眼品　世間淨眼品

分别世间诸法相

安立众生净戒中

世间净眼品

贤首菩萨品

善说微妙寂静法

得生广大欢喜心

卢舍那佛品

世间净眼品

教化無量眾生海
安住一切三昧門

盧舍那佛品　十回向品

捨諸佛所修善法
以無上道化眾生

盧舍那佛品　盧舍那佛品

滿足一切大願力

速成無上佛菩提

盧舍那佛品　　賢首菩薩品

隨順諸佛真實教

增長衆生清淨心

光明覺品　　世間淨眼品

常歎諸佛勝妙戒

增長眾生清淨心

賢首菩薩品　世间淨眼品

應當具足持淨戒

常為饒益諸群生

賢首菩薩品　十回向品

菩萨菩行無与等

如来神力徧十方

賢首菩薩品　世间淨眼品

信解微妙甚深法

成就清淨無等心

賢首菩薩品　十回向品

戒是無上菩提本

佛為一切智慧燈

賢首菩薩品

世間淨眼品

遠離一切放逸行

當發無上菩提心

賢首菩薩品

賢首菩薩品

則持淨戒順正教
普於眾生放大光

賢首菩薩品　世間淨眼品

常樂柔和忍辱法
安住慈悲喜捨中

賢首菩薩品　世間淨眼品

示現生老病死患

捨離貪欲瞋恚癡

賢首菩薩品

賢首菩薩品

除滅一切瞋恚毒

令生無量歡喜心

十回向品

世间净眼品

具足護持清淨戒

方便啟導眾生心

十回向品

十回向品

常能具持清淨戒

速成無上功德幢

十回向品

賢首菩薩品

如來境界無有邊際 世間淨眼品

普賢身相猶如虛空 盧舍那佛品

永離塵穢畢竟清淨 淨行品

勤修眾善具足菩提 淨行品

體解大道發無上意

捨離家難入空法中

淨行品

淨行品

得一向意勤求佛道

說微妙法饒益眾生

淨行品

十回向品

究竟得到頭陀彼岸

具足成就智慧藏身

淨行品　十回向品

究竟成就無上勝行

悉以回向一切眾生

十回向品　十回向品

附四聯

經文連讀 非是集句

消滅一切愚癡闇

超昇無上智慧臺

世間淨眼品

出生無上菩提樹

長養最勝智慧門

賢首菩薩品

顯現明淨智慧燈

永滅生死愚癡闇

十回向品

覺悟無量生死行

逮得不退智慧門

十回向品

以上悉依晉譯大方廣佛華嚴经録出

唐譯大方廣佛華嚴經偈頌集句百聯

所行無礙

以法自娛

具足慚愧

究竟清涼

净行品

净行品

净行品

净行品

至法彼岸　淨行品

長佛善根　淨行品

究竟清淨　淨行品

具足威儀　淨行品

履淨法界　淨行

獲勝善根　淨行

說甚深法　淨行

昇無上堂　淨行

獲最勝法
净行品

昇無上堂
净行品

証菩提道
净行品

得堅固身
净行品

具頭陀行

净行品

得堅固身

净行品

入真實慧

净行品

得堅固身

净行品

秉持梵行 淨行品

勤修善根 淨行品

恆守正念 淨行品

常行大悲 淨行品

入深法界
淨行品

獲勝善根
淨行品

絕世貪愛
淨行品

趣佛菩提
淨行品

深入佛智
淨行品

得預法流
淨行品

入一切智
淨行品

昇無上堂
淨行品

捨離眾惱 淨行品

成就佛身 淨行品

見一切佛 淨行品

昇無上堂 淨行品

端正嚴好　淨行品

清淨調柔　淨行品

眾德悉具　淨行品

大悲所熏　淨行品

安住真如地
如来現相品

普照智慧燈
十忍品

善入音聲海
如来現相品

堅住菩提心
兜率偈讚品

遠離於眾相

如来現相品

願度諸群生

十忍品

則悟甚深法

如来現相品

而興大悲心

普賢行品

未曾有苦惱

華藏世界品

決定成菩提

夜摩偈讚品

心生大歡喜

毗盧遮那品

佛放淨光明

須彌偈讚品

體相無所有
光明覺品

光明靡不周
如来現相品

二邊皆捨離
光明覺品

一念得菩提
離世间品

常護諸佛法

光明覺品

恒塗淨戒香

入法界品

我性未曾有

光明覺品

智眼靡不周

光明覺品

入於真實境
光明覺品

照以智慧光
離世間品

具一切功德
光明覺品

得無上菩提
普賢行品

如夢不真實

菩薩問明品

捨我而修行

十忍品

無有一切相

夜摩偈讚品

而興大悲心

普賢行品

離一切分別
夜摩偈讚品

得無上菩提
普賢行品

欲為諸法本
兜率偈讚品

心如工畫師
夜摩偈讚品

一心求佛智
十地品

平等行世间
菩萨问明品

其心得安隐
十忍品

有苦皆灭除
毗卢遮那品

供佛令歡喜 十忍品

知身如虛空 離世間品

其心無染著 十忍品

如法而了知 十忍品

方便行於世
十忍品

寂靜調其心
離世間品

處世而不住
十忍品

見心無所生
光明覺品

了世皆如夢 十忍品

見心無所生 光明覺品

捨法得自在 普賢行品

知身如虛空 離世間品

心識猶如幻

離世間品

色相無有邊

世主妙嚴品

捨慢持淨戒

離世間品

以法化衆生

十地品

勤行精進無厭怠

善了境界起慈悲

世主妙嚴品

法身示現無真實

世主妙嚴品

慈心普徧等虛空

世主妙嚴品

初發心功德品

無量法门皆自在

一切智性如虚空

世主妙嚴品　世主妙嚴品

光明照耀靡不及

智慧增長無有邊

世主妙嚴品　十地品

如来為說廣大法

汝等應生歡喜心

世主妙嚴品

放大光明令覺悟

毗盧遮那品

離諸熱惱恆清涼

世主妙嚴品　十迴向品

眾生有苦皆令滅　世主妙嚴品

如來處世無所依　世主妙嚴品

供養一切諸佛海　世主妙嚴品

得成無上照世燈　十迴向品

悉使眾生離諸苦

普於十方演妙音

世主妙嚴品

顯示一切如來境

世主妙嚴品

發生無量歡喜心

世主妙嚴品

十迴向品

願門廣大不思議
慈心普遍等虛空

世主妙嚴品

見佛自在生歡喜

初發心功德品

發心迴向趣菩提

世主妙嚴品

毗盧遮那品

普滅眾生煩惱熱

恆演如来寂妙音

世主妙嚴品

世主妙嚴品

而於諸有無所著

為度眾生普現身

世主妙嚴品

如来現相品

能學如来之妙慧

而拾衆生起大悲

世主妙嚴品

為利衆生而出現

入法界品

不染世法如虛空

世主妙嚴品

世主妙嚴品

廣大寂靜三摩地

清淨光明徧照尊

世主妙嚴品

華嚴世界品

令生深信入佛智

普現明燈照世間

世主妙嚴品

世主妙嚴品

悉能悟入如来智

未曾暫起分別心

世主妙嚴品

信解真實無分別

十迴向品

世主妙嚴品

光明徧淨如虛空

世主妙嚴品

随衆生心而化誘
示甘露道使清凉

世主妙嚴品

開不思議最妙法

世主妙嚴品

發勝菩提大願心

世主妙嚴品

毗盧遮那品

一切如来同讚喜

十方眾生悉慰安

如来現相品　初發心功德品

諸如来所悉親近

為眾生故求菩提

普賢三昧品　世主妙嚴品

常樂慈悲性歡喜

其心善輭恆清涼

世界成就品　十迴向品

慈念一切眾生海

興起無量大悲心

毗盧遮那品　十迴向品

則以智慧為先導
猶如影像現世間

賢首品　世主妙嚴品

念念示現成佛道
種種方便化眾生

賢首品　世主妙嚴品

普使受持清淨戒

應當速發菩提心

賢首品　初發心功德品

十善業道悉清淨

百福相好所莊嚴

賢首品　十行品

大悲哀愍救一切

妙音演說徧十方

賢首品　世主妙嚴品

能於眾生施無畏

普使世間得大明

賢首品　十行品

如幻如夢離分別

無垢無礙同虛空

十住品　初發心功德品

眾行具足猶滿月

發心廣大等虛空

初發心功德品　初發心功德品

於一切法無妄想

盡未來際救眾生

初發心功德品　世主妙嚴品

欲滅眾生諸苦惱

為現法炬大光明

初發心功德品　世主妙嚴品

但願普与眾生樂

未曾暫起戲論心

初發心功德品

十迴向品

智慧無邊不可說

光明照世為所歸

十行品

初發心功德品

善能安住無礙藏

未曾暫起戲論心

十行品

十迴向品

能以妙慧善安住

為度眾生普現身

十行品

如來現相品

恆以大音宣正法

當念本願度眾生

十行品 十地品

護持眾戒到彼岸

成就無畏為世雄

十行品 十行品

勤修三昧無二相

調伏衆生徧十方

十行品

世主妙嚴品

深入廣大智慧海

普作清涼功德池

十行品

十行品

解了諸法猶如響
化導眾生無有邊

十迴向品　世主妙嚴品

眾生幻化無有實
諸佛護念恆不忘

十迴向品　十行品

以法長養諸功德

發心趣向大菩提

十迴向品

毗盧遮那品

譬如法界無分別

恆以智慧悉了知

十迴向品

十行品

如月清涼被眾物
以法滋味益群生
十地品 世主妙嚴品

法性真常離心念
佛眼廣大如虛空
十地品 世主妙嚴品

知一切法不可说

脫眾生苦無有餘

阿僧祇品

世主妙嚴品

演一言音充法界

起大慈悲現世间

如来出現品

入法界品

入真實慧永無病惱

淨行品

得清淨命不矯威儀

淨行品

皆得妙法究竟清淨

淨行品

廣度一切猶如橋梁

淨行品

得清淨手受持佛法

具慚恥行藏護諸根

淨行品

淨行品

得善意欲洗除惑垢

証無上法究竟清涼

淨行品

淨行品

附集句二十五聯

唐譯華嚴集句較多前錄百聯之外猶存二十五聯附錄於下

已證如来智

如来現相品

勤行廣大慈

入法界品

思議莫能及

如来現相品

光明無有邊

如来現相品

隨應演妙法

如来現相品

平等施衆生

入法界品

速入如来地

如来現相品

普演廣大音

如来現相品

能滅衆生苦

毗盧遮那品

為興大法雲

如来現相品

住於清涼慧
光明覺品

永離煩惱身
離世間品

永絕諸戲論
光明覺品

念報於佛恩
兜率偈讚品

破諸煩惱障　光明覺品

照以智慧光　離世间品

自性無所有　夜摩偈讚品

智眼靡不周　光明覺品

滅諸煩惱患　兜率偈讚品

放大清淨光　入法界品

能成平等智　十忍品

恆起大願心　十地品

除滅世间想
十忍品

了達诸法空
離世间品

令除煩惱熱
離世间品

悉發菩提心
世界成就品

令入難思清淨法
發生無量歡喜心

世主妙嚴品

諸佛境界不思議

十迴向品

普賢身相如虛空

世主妙嚴品

普賢三昧品

普淨福海除眾苦
廣說佛道悟群生

世主妙嚴品　十地品

世間煩惱皆令盡
菩薩功德無有邊

世主妙嚴品　十行品

福德如空無有盡

佛境甚深難可思

世主妙嚴品　世界成就品

福德如空無有盡

大悲念物靡不周

世主妙嚴品　世主妙嚴品

此乃能入如来智

而不生於取著心

世界成就品　十迴向品

廣大智慧無所礙

自然覺悟不由他

光明覺品　十行品

具足修習諸功德

朗然開悟大菩提

賢首品

世主妙嚴品

常為諸佛所護念

當淨其意如虛空

初發心功德品

如來出現品

普作群生功德藏

恒演如来寂妙音

初發心功德品

世主妙嚴品

智眼清淨無与等

言音善巧靡不充

十行品

十住品

附八聯

經文連續 非是集句

立志如大山

種德若深海

離世間品

得授菩提記
安住廣大心
妙智清淨日
大悲圓滿輪

離世間品

入法界品

廣闢離塵清淨道
永燿眾生智慧燈
世主妙嚴品

神通應現如光影
法輪真實同虛空
世主妙嚴品

一即是多多即一
文隨於義義隨文
十住品

紹隆佛種不斷絕
摧滅魔宮無有餘
初發心功德品

善知一切真實相

深入無邊法界門

入法界品

以上悉依唐譯大方廣佛華嚴經錄出

唐貞元譯大方廣佛華嚴經入不思議解脫境界普賢行願品偈頌集句百聯

甚深智境界

無礙妙光明

法界無分別

佛智同虛空

悉離有無相
普遊解脫門
能消諸渴愛
當作世光明

微妙難思議
清淨如霊空
眾德皆圓滿
八表同歡康

遠離於身相
安樂諸世间
普入扵法界
開悟诸群生

智身無所著
世间唯假名
發心求正覺
忘己濟群生

深入智慧海
普游解脫門
其心無厭倦
於世起慈悲

飲诸佛法海

放大智慧光

速入如来地

普游解脫門

與世為依怙
如日處虛空
能隨諸佛教
普順眾生心

欲满诸佛智
普顺众生心
当令诸佛喜
普随众生心

當到功德岸

普出愛欲泥

當為世依救

普放智光明

往生佛國土
普放智光明
消竭煩惱海
增長福智芽

到佛功德岸
照世圓滿燈
應生大喜躍
專向佛菩提

其心大歡喜
於世起慈悲
親近善知識
迴向大菩提

當修功德海
永離貪著心
當令眾生喜
能報大師恩

增長諸功德
成就大菩提
諸佛所稱歎
八表同歡康

欲解眾生縛
當成三界師
疾入大智海
當聽妙法雲

當示於正道
普攝諸群生
諸佛等慈父
人命如電光

則能入佛境
不著於世间
到佛功德岸
為世大明燈

興雲霔甘澤

忘己濟群生

為發大悲意

能建正法幢

徧知一切法

為世大明燈

歎滿諸佛智

能發大悲心

方便随宜而化度
利乐平等无怨亲
誓修普贤清净行
即发菩提广大心

汝常護持清淨戒
我為演說大悲門
常行清淨菩提道
而興廣大悲愍心

獲得無憂安隱樂
示我真乘解脫門
調伏衆生無懈倦
覺悟法性如虛空

普事一切善知識
志求無上佛菩提
一切諸苦皆消滅
百福妙相具莊嚴

願得普賢真妙行
能救法界苦眾生
願得普賢真妙行
常樂利益諸眾生

香氣普熏於一切
大悲廣濟諸群生
常行清淨菩提道
願得端嚴相好身

得入普賢深行願
常放智日大光明
護諸苦厄如父母
決定利益無怨親

住大慈悲恆自在
滌除炎熱使清涼
勇猛精勤無退轉
光明相好以莊嚴

是故精勤持淨戒
不著塵垢如蓮華
我身離著無諸垢
智眼常明如日光

覺悟一切諸放逸
圓满無上大菩提
隨衆生心説妙法
以普賢行悟菩提

起大願雲周法界
以普賢行悟菩提
成就甚深平等忍
增長如空大智心

亦聞演說甚深法
即發廣大希有心
悲愍眾生煩惱闇
恆塗淨戒真實香

光明晃耀如星月
智慧境界等虛空
開示甚深微妙法
發起廣大菩提心

解了世间猶若夢
滅除障垢無有餘
速疾增長無礙智
普徧發起大悲心

發心願得無師道
爲衆能開甘露門
證入甚深諸法性
度脫一切苦衆生

普化眾生令解脫
不著一切如虛空
證入難思真法性
普見無量諸如来

誓願勤求一切智
普徧發起大悲心
普離一切諸煩惱
專求最勝佛菩提

本性真常離分別
智慧廣大如虛空
得佛究竟諸安樂
起深清淨大慈悲

安住諸佛菩提道
不起凡夫染汙心
最勝寂靜真實法
清淨福德智慧身

開示淨妙人天路
常起廣大慈悲心
勤修利益眾生道
安住增長淨戒中

願證法身成正覺
常於苦海救眾生
了知法界皆無礙
於諸梵行悉堅持

廣大自在神通力
最上無垢深淨心
增長無量深福海
利益一切苦眾生

增長無量深福海
修行如幻妙法門
雨大法雨令開悟
行菩提行利眾生

相好莊嚴甚微妙
智慧廣大如虛空
誓救眾生無退怯
不著一切如虛空

諦觀諸法真實性
不起凡夫染汙心
必成寂靜菩提果
具修廣大清淨慈

勇猛護持於佛法

頭常利益諸世间

身心安樂無諸苦

智力廣大徧十方

皆悉勤修普賢行
恒不忘失菩提心
常得出家修淨戒
恒以正法御群生

常得出家修淨戒
普為眾生作世燈
圓滿普賢諸行力
速獲如来無上身

爲汝演說菩提法
盂心憶念大悲尊
願度無量群生衆
速離一切憂怖心

生我智慧辯才力
不受三塗八難身
一切勝福皆成就
三毒翳障盡銷除

附二聯

從文連續
非是集句

如風遊雲空

所行無障礙

遠離諸妄想
随順扵衆生

以上悉依唐貞元譯大方廣佛華嚴經
入不思議解脫境界普賢行願品錄出

此咒置经书中　可灭误跨之罪